京大変人講座

酒井 敏／小木曽 哲／山内 裕／
那須耕介／川上浩司／神川龍馬
【特別対談】
山極寿一（京大総長）／越前屋俵太（ナビゲーター）

三笠書房

ここは〝変人〟〝奇人〟が集まると噂されている京都大学……。

〝変人〟と聞いて、眉《まゆ》をひそめる人もいるかもしれない。

「みんなと違う」ことは、ちょっと恥ずかしいことだと思う人もいるかもしれない。

しかし、この地球上の発展は、

〝変なヤツが支えてきた〟といっても過言ではないのだ。

越《えち》前《ぜん》屋《や》俵《ひょう》太《た》

大学教授、書家、タレントといろんな顔を持つ見習い変人。
講座ナビゲーターとして変人先生をサポート

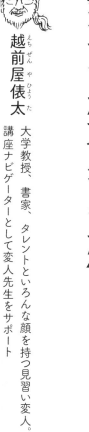

だから、京大では〝あの人、変人だよね〟という呼び名は、

むしろ立派な「ホメ言葉」!!

……あっ、向こうから〝※変人の親玉〟京大の総長先生がやってきた!

「先生、なぜ、変人がこの世に必要なのですか?」

※山《やま》極《ぎわ》寿《じゅ》一《いち》

二〇一四年~京大総長。ゴリラの研究者。ゴリラといっしょに生活して世界的な研究を行なってきた変人の代表格

はじめに

〝変人〟がいるから人類は繁栄してきた

山極寿一（京都大学総長）×越前屋俵太（講座ナビゲーター）

越前屋　本書のもとになった一般公開講座『京大変人講座』は、発起人（＝言い出しっぺ）である酒井《さかい》敏《さとし》先生と僕が、ひょんなことで知り合ったのがきっかけで始まりました。

京都大学の先生方は一般の人から見ると**〝めちゃくちゃ変なこと考えてはる〟**ように見えます。でも、実はそれが世界の第一線を行っていて、いつか**ノーベル賞級の大きなスケールの研究**に育つことがある。そんな先生方の〝頭の中〟をもっとみんなに知ってもらいたいという思いから始まりました。

山極　京大は官僚養成校として出発した東京大学と比べられますが、そもそも創立のきっかけは、文部大臣だった西園寺《さいおんじ》公望《きんもち》がフランスに留学したあと、東大とは別のタイプの自由な学風の学校をつくろうとしたのが始まりです。

明治の初期当時、日本の教育界はドイツのフンボルト思想を理想としていました。学生に既存の情報を教えるだけではなく、学生と一緒に未知の世界を研究し、探求しようというのがフンボルト思想です。その理念が今も京大に生きている。

つまり、国内の政治に直結したり、日本のことだけを考えたりするのではなく、世界を考えようと。**スタート地点から「世界」が目標**なんですよ。

「ゼミナール（ゼミ）」を日本で初めてつくったのも京大の法学部です。研究ひと筋で国際法やさまざまな国の法律をみんなで勉強していたら、「それじゃ困る、国家試験を受けなさい」と政府から言われたくらい、**日本という枠組みを意識していなかった**ようです。

越前屋　なるほど。京大には世界を見すえて続いてきた伝統があるわけですね。しかし、本書のテーマである〝変人性〟は、本当に研究に必要なのでしょうか？

山極　常識的なことを考えていたら、それは〝常人〟でしょう？　変人でないと、これまでとは違う発想ができない。

越前屋　常識を疑うことが、一つの変人の条件だと。

山極　二〇一八年にノーベル生理学・医学賞を受賞した本庶佑《ほんじょたすく》さんもそういう人です。これまでの学問の常識を疑ってきたから、画期的な免疫細胞研究に結びついたのです。

変人になる方法は二つあります。一つは、誰も経験していないことを経験して、未知の世界を体ごと知った上で、常識の世界を見渡す方法。

それは、私の先生の先生である今西錦司《いまにしきんじ》（生物学者。日本の霊長類研究の創始者）もやったことです。彼は筋金入りの登山家《アルピニスト》で、モットーが**「ステップ・オン・バージン・ピーク（Step on virgin peak= 未踏峰を踏め）」**なのです。

今西さんの考えによれば、みんなで未知の世界に分け入り、驚くべき体験を経て、今まで自分たちが暮らしてきた世界を眺めてみよう、と。

その考え方で、日本の霊長類学が始まったのです。動物の社会をたどれば、人間の社会の原形がわかるのではないか――と。そういう伝統を受け継いで、私は「ちょっとゴリラをやってみるか」と。

越前屋　一度フィールドワークに出られると、どれくらいゴリラと一緒にいるんですか？

山極　一〇カ月程度ですね。早朝まだ暗いうちにゴリラに会いにいくと、彼らはまだ寝ています。そこからゴリラのあとについて一日過ごして、帰ってきてメシをつくって、今日の記録をタイプして寝る、と。こんなふうに人と会話しない生活を何カ月も続けると、**人間の言葉を忘れますね**。ゴリラと「ウーッ、アーッ」って話してるだけだから、日本に帰ってきたとき、まず日本語が読めなくなった。

越前屋　えーっ。記録の入力は英語でしているわけですね。日本語に一〇カ月も触れていないと読めなくなりますか……。

山極　そう。それに鏡もずっと見てないでしょう？　久しぶりに自分の顔を見たら、「あれ？　俺、こんな顔してたかな」って。**自分もゴリラみたいな顔のつもりでいた**から、人間の世界に戻ると「変な顔してるな〜」って思えてきたり。
この「向こうの世界にどっぷりつかって、向こう側からこちら側（人間の世界）を見てみる」というのが、僕のやってきた方法です。

越前屋　では、変人になるもう一つの方法は？

山極　「ふだんの世界にいながらにして、すべてを疑う」こと。そのときに、僕ら研究者というのは、**「いかにいい問いを考えるか」が勝負**なんです。ゴリラの世界に入っても「問いを立てること」は重要です。

ゴリラが実をとって食べた。なぜこの実を選んだのか。なぜこの場所にやってきたのか。この世界をどう見つめているのか……。

ゴリラの研究のように、人間が研究対象の世界に出向いて考えられるときは、目の前に実例があるので、そういった問いをつくりやすい。

ところが、通常の世界にいたら、なかなか「いい問い」って出てこないね。当たり前のように目の前にある物事を疑わないといけないですから。

越前屋　哲学的な話になってきましたね。

山極　「なぜこんなところにコップが置かれていて、なぜ私は茶碗でなくて、コップで水を飲んでいるんだろう？　本当に正しいのか？」というふうにね。

僕が学生時代を過ごした理学部というのは、そういう問いばかりを立てている人であふれていました。テレビを見るだけでも、みんなで疑問の嵐です。

「こいつ、ホントは裏ではこんなこと考えてるはずではないか?」

「こんなこと言っているけど、嘘八百では?」と言い合います。

越前屋　**「疑い合うトレーニング」**を、テレビのニュースでも、評論家が話をしている討論番組を見ている間でもやるわけですね。

山極　そうそう。僕らのゼミは「エンドレスゼミ」といって、とにかくどんな質問をしてもいい。だけど、人の受け売りは絶対にやらない。自分の言葉で、自分の考えで話すというルール。そして、とにかくおかしいと思ったことは突っ込みまくる。
「そんなこと言うけど、本当にその結果が出てくるのか?」と徹底的に疑う。
僕のゼミは、その**最長記録「九時間」**を保持していますが、京大では誰もが多かれ少なかれそういう「問いかけの習慣」を持っていると思いますよ。
だから、**京大の構内をブツブツ独りごとを言いながら歩いているヤツ**、昔はたくさんいましたよ。

越前屋　自分の頭の中だけで問いかけていたことが、勢いあまって言葉に出ちゃうんですね。

山極　京大には**「対話＝ダイアローグ」**という伝統があります。対して、東京は**「討論＝ディベート」**なんです。東京では侃々諤々《かんかんがくがく》討論して、自分の主張を相手に認めさせる。「討論は言葉の戦いである」というのが常識なんですよ。

関西は、言い合いながら、「おっ、それ、おもろいやん。ほな、こうしてみたら？」というように、お互い提案をしながら、しだいに形を変えて新しい場所に行き着く、これがダイアローグなんですね。

越前屋　なるほど、たしかにそうかもしれません。東京の「討論＝ディベート」は、「相手の知識」と「自分の知識」の戦いのようですね。

山極　東京の討論は**「積み上げ方式」**。自分の頭に知識を詰め込んでおいて、それを小出しにしながら、自分の意見を相手に認めさせる手法です。

ところが、関西は手持ちが何もなくていい**「発見方式」**。自分の考えを言ってみる。すると、それに対して相手が修正案を出してくる。それに対してまた自分が発想していく。現場でアドリブの発想が求められるわけ。

越前屋　関西ならではのクリエイティビティですね。

山極　僕ら研究者は訓練をして変人になるのです。初めから変人であるわけではない。そうなるためには毎日毎日「くだらない」「つまらない」と思われても、自分の立てた問いに固執しながらとにかく深く切り込んでみる。それを自分だけで抱えていてはいけません。それだと単なるオタクです。
他人と対話をしてみて、「それ、おもろいな」と言ってもらう。「おもろい」と言ってもらったら、さらに未踏峰に跳躍してみる。対話をしながら孤独になるんだよね。

越前屋　人と話をするというのは、普通、人とつながって安心するためだと思われがちなんですが、そうではなく、**対話をしながらどんどん孤独になるべき**だと?

山極　新しい発想を話すと、相手からクソミソにやっつけられる場合もある。どんどん孤独になってしまう可能性もあるけれど、それを怖れる必要はありません。

要は**「違う道を一緒に歩みましょう」**ということ。同じ道を一緒に歩いたら、結局、どこかで煮詰まっちゃうから。

越前屋

まさに！　それは僕が大好きな言葉**「Together and Alone＝ともに、一人で」**ということと同じです！「みんな仲よくやろうよ」と言って、自分の意見をなくしてしまって、「みんなと同じ」というのはダメです。じゃあ「俺は俺だ」と内側に引っ込んでしまって、他人を遮断するというのも違う。

今まさにおっしゃったように、議論する、話す、語らう中で、どんどん個を深掘りしろ、と。その「個になっていくプロセス」を怖れるな、と。

山極

だから、周囲になんとなく迎合するという方向に猛進するのではなく、あるときは距離を置きながら見守ることも必要です。

先述の今西（錦司）さんがおもしろいことを言っていましたね。登山家でもある彼は山に登るときは他の登山メンバーとザイルで結ばれている。お互いに命を預け合っているので**「鉄の団結」だが、ふだんは「薄情であれ」**と。

頼ったらダメなところにこそ独創的な考えが生まれるわけで、たとえ親友であろうと、その人に過度に接近してはいけない。ときには敵になることも恐れてはいけません。

越前屋　それは「孤を恐れるな」ということの究極の教えですね。一般人には、なかなか真似できないかもしれません……。

山極　今西さんはずっとリーダー的立場でしたから、弟子たちに自分のあとを追わせるようでは、何もできないとわかっていたのでしょう。だから京大ではよく、教授を「先生」とは言わせない。昔、僕自身が教授を「先生」と呼んだら、**「俺はお前の先生と違う」**と言われた。学問の世界では先生と生徒というのはないのだ、と、突き放されました。

越前屋　大事なことですね。京都大学ができたときの理念――「ともに研究をしていくんだ」という話につながりますね。

山極　自分の師を超えなくてはならない。師と同じことをやっていたらダメなのです。学問でもときに自分の指導教員とはまったく正反対の、新しい理論を立てる人が出てきま

すが、それを許さなければなりません。

越前屋　私的な思いやしがらみや、そんなことでやっていたら学問ではないということですね。**知識を教え込んでフォロワーを育てるだけでは、未来が見えない。**広く読者のみなさんにも、この変人講座の意図が伝わればいいですね。

山極　われわれとしては、わざわざ「変人」と言わなくても、当たり前のことです。しかし、そういう精神を持っている人がいなければ、世の中は新しくならない。どんどん閉塞感が増すしかありません。

越前屋　僕も含めて世間の人たちは「社会にはいろいろおかしいことがあるな」と、懐疑的にはなっているけれど、一方で、「現実を受け入れて、地に足をつけて生活をしなくてはいけない」という考え方にとらわれすぎてしまっている。そんな考え事をしている余裕はない、明日も会社に行かなくてはならない、稼がないとローンも払えない——という思考で止まってしまうのですが、研究者というのは、もちろんみんなと同じように現実的な悩みもあるだろうけれど、あえてちょっと世間

から浮いている人たちなんですね。

山極　そうそう。**地に足をつけているだけではダメ**なのです。地に足がついている人は、頭の中では「変だよなあ、なんでかなあ」と疑っていますが、結局行動には出られません。それでも行動に出てしまう人が生きていけるのが、大学という場所だから。

越前屋　「そんなブッ飛んだ調子で、生きていけるんですか？」と疑う人に対する反証として、**「そういう人が生きていくための場所が大学でないといかん」**ということですね。

山極　たとえば、「ハレ（非日常）」と「ケ（日常）」という概念がありますね。常識的な、常日ごろの世界は、ケの世界。大学というのは、ハレの世界なんです。精神的にお祭りの世界なので、思考としてはなんでも許される。

越前屋　どこか芸事の世界とも似ています。**「知の芸」**ですね。

山極　ああ、似ていますね。昔、京大に、森毅《もりつよし》というとても人気のある数学の先生がいまし

た。彼が「教員というのは、熟練してくると二つの道に分かれてくる。一つは官僚的になる。もう一つは芸人的になる。京大の先生は芸人的になれ」と言っていた。

越前屋

こだわることのおもしろさや、疑うことの素敵さが、将来的に「京大から」全世界に広がっていくといいな。京大にはおもしろい先生、いっぱいいるわけですから。

山極

ぜひ一緒に考えましょう。

CONTENTS

2

経営の教室

なぜ鮨屋のおやじは怒っているのか

――「お客さまは神さま」ではない！

経営管理大学院　准教授　サービス経営学
山内《やまうち》　裕《ゆたか》

3

法哲学の教室

人間は〝おおざっぱ〟がちょうどいい

――安心、安全が人類を滅ぼす

人間・環境学研究科　教授　法哲学　那須《なす》耕介《こうすけ》

4

社会デザインの教室

なぜ、遠足のおやつは〝300円以内〟なのか

——人は「不便」じゃないと萌えない

情報学研究科 特定教授 システム工学 川上《かわかみ》浩司《ひろし》

生物の教室

5

ズルい生き物、ヘンな生き物

——〝単細胞生物〟から、進化の極みが見えてくる

人間・環境学研究科　助教　進化生物学
神川龍馬《かみかわりょうま》

6

予測の教室

「ぼちぼち」という最強の生存戦略

——未来はわからないけど、なるようになっている

人間・環境学研究科　教授　地球物理学　酒井《さかい》　敏《さとし》

「京大変人講座」発起人　酒井敏

編集協力：玉置見帆
本文イラスト：死後くん
本文図版（p.33）：株式会社ウエイド

本書で登場する先生たち

【酒井 敏（さかい・さとし）】

京都大学人間・環境学研究科教授。地球物理学者。同大学院理学研究科修士課程中退。1986年京大理学博士、2009年より現職。もともと海洋物理が専門だが、2006年「フラクタル日除け」を発明し、現在は主にその研究をしている。

【那須耕介（なす・こうすけ）】

京都大学人間・環境学研究科教授。法哲学者。同大学大学院法学研究科にて博士号取得。摂南大学准教授などを経て、2018年より現職。法と道徳の関係、市民社会の成り立ちなどについて研究している。

【小木曽 哲（こぎそ・てつ）】

京都大学人間・環境学研究科教授。地球岩石学者。同大学大学院理学研究科地質学鉱物学専攻修了。東京工業大学、海洋研究開発機構などを経て、2016年より現職。地球の歴史を岩石の生成過程から探るのが研究テーマ。

【川上浩司(かわかみ・ひろし)】

京都大学情報学研究科特定教授。システム工学者。京都大学工学研究科にて博士号取得。「便利」「効率化」といったこと以外に、人間と機械はどのような関係を結べるかが研究テーマ。

【山内 裕(やまうち・ゆたか)】

京都大学経営管理大学院准教授。経営学者。カリフォルニア大学ロサンゼルス校にて経営学博士号取得。ゼロックス・パロアルト研究所研究員などを経て、2015年より現職。専門はサービス経営学、組織文化論など。

【神川龍馬(かみかわ・りょうま)】

京都大学人間・環境学研究科助教。同大学院農学研究科博士課程修了。進化生物学者。研究分野は動物でもなく、植物でもなく、菌類でもない単細胞の真核生物の多様性と系統について。

【山極寿一（やまぎわ・じゅいち）】

京都大学第26代総長。理学博士。日本を代表する霊長類学・人類学者。ゴリラの研究で一躍名をはせる。『ゴリラからの警告「人間社会、ここがおかしい」』（毎日新聞出版）など著書多数。2014年より現職。

ブータンの寺院の菩提樹の下で。
山極寿一総長。

【越前屋俵太（えちぜんや・ひょうた）】

「京大変人講座」ナビゲーター。「探偵！ナイトスクープ」「オールナイト・ニッポン」などの人気番組でタレントとして活躍。現在は、関西大学、和歌山大学、京都造形芸術大学で教鞭をとるほか、プロデューサー、演出家、書家など多彩に活動中。

【キョーちゃん】

京大でひそかに開発されたAIロボット。

【くすのき博士】

脳ミソが京大のシンボル「クスノキ」の形をしている。

1

地球の教室

毒ガスに満ちた「奇妙な惑星」へようこそ

――学校では教えてくれない！恐怖の「地球46億年史」

人間・環境学研究科 教授 地球岩石学

小木曽《こぎそ》 哲《てつ》

音楽が好き。とくにエレファントカシマシのファン。いたって楽観主義。

太陽系はいかにしてできたのか

私たちが暮らしている地球のことを、みなさんはどれだけご存じでしょうか。
地球は今、約「四六億歳」であることがわかっていますが、本章ではその成り立ちと、長い長い驚きの歴史について、ご説明していきたいと思います。

みなさんご存じ太陽系は、太陽を中心に、水星、金星、地球、火星、木星、土星、天王星、海王星という八つの惑星で構成されています。以前は冥王星までが惑星とされていましたが、のちに他の八つの惑星が満たしている基準から外れていることがわかりました。今は「準惑星」という扱いになっています。

八つの惑星のうち、太陽に近いほうから四つ、つまり水星、金星、地球、火星を**「岩石惑星」**と呼びます。文字どおり、岩石でできた星だからです。

続いて、木星、土星は**「巨大ガス惑星」**といわれます。星の成分のほとんどがガスだからです（ガスといっても、重力で圧縮されてその大半は液体になっています）。

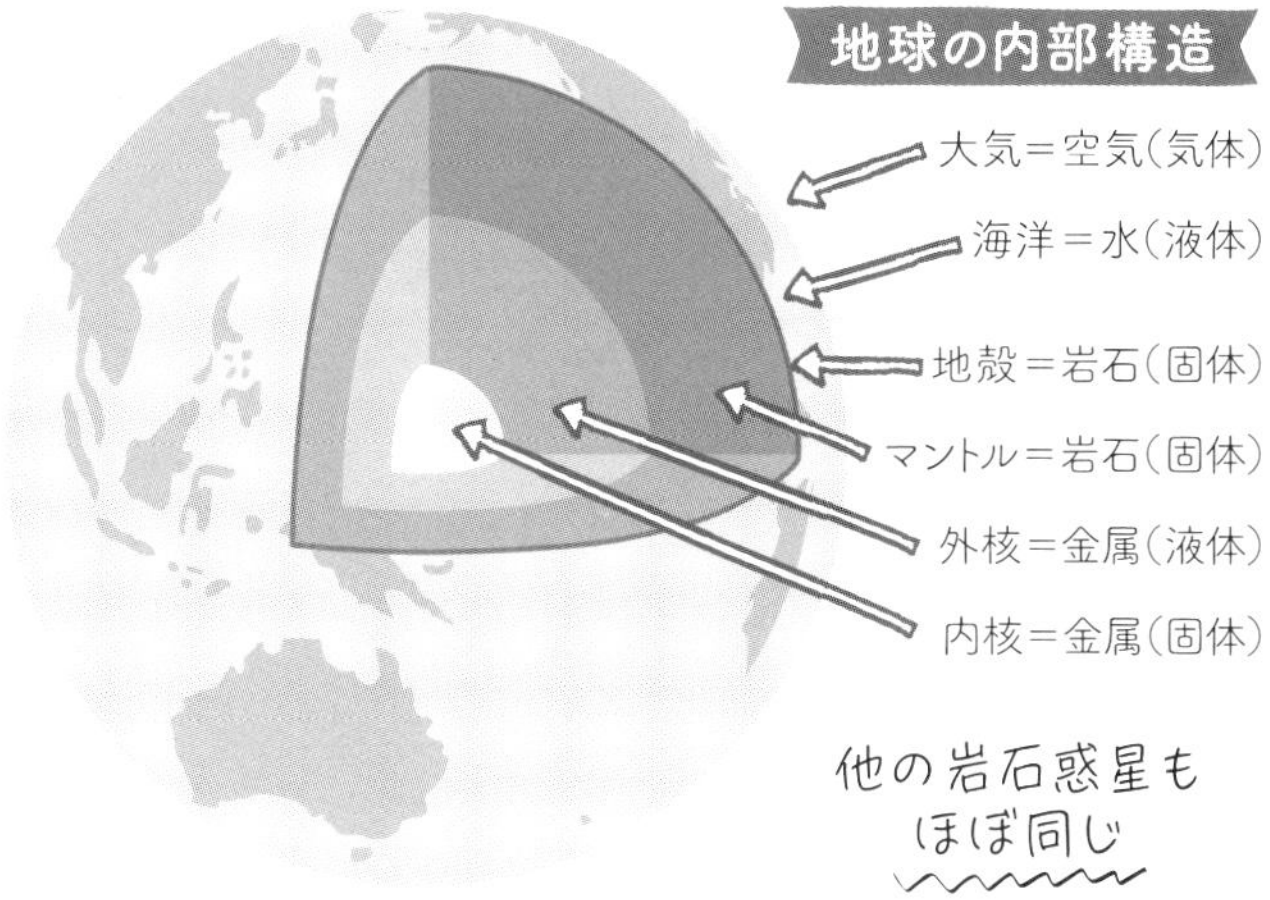

さらに、太陽から一番遠い天王星、海王星は**「巨大氷惑星」**。氷がとても多い惑星なのでこう呼ばれます。

太陽が非常に大きいことはよく知られており、その直径は地球の一〇〇倍以上にもなります。太陽がテニスボール大だとすれば、地球はゴマよりも小さく、ボールペンの先端についているボール球くらいのものでしょう。

岩石惑星の一つである地球は、主に岩石でできています。より詳しくその構造を表わしたのが上の図「地球の内部構造」です。

表面には大気や海があり、その下にある地球の硬い部分の一番浅いところは「地殻」と呼ばれます。次にある「マントル」という部分までで、地球の直径のほぼ半分を占めます。

ここまでが岩石の部分です。

「マントル」はドロドロに溶けているとイメージされがちなのですが、溶けているわけでも、ドロドロしているわけでもなく、硬い岩石が非常にゆっくりと流れている状態です。

マントルの下には、液体状の「外核」があります。さらに内側を「内核」と呼びます。外核と内核は鉄を主成分とする金属でできており、外核は溶けた状態、内核は固体です。あまりにも重いため、中心に集まったままで、地表に出てくることはありません。

ちなみに地球の表面から真ん中までは約六四〇〇キロメートル。それに対し、人類がボーリング調査で掘った一番深い穴は、わずか一二キロメートルの深さにすぎません。つまり、地球の中心に金属があるのか、溶けているのか、それを目で見て確認することは、現在の技術ではできません。

それなのに、なぜ外核が液体状だとわかるのでしょうか？

それは、世界中で起きる地震によって確認されたのです。

地震で起こる波（地震波）にはいくつかの種類があり、その一つが液体を伝わらない「横波」です。地球上のある場所で地震が起きたとき、地中を伝わっていく横波をたどっていくと、この波が地球の反対側には直接伝わらないことがわかりました。

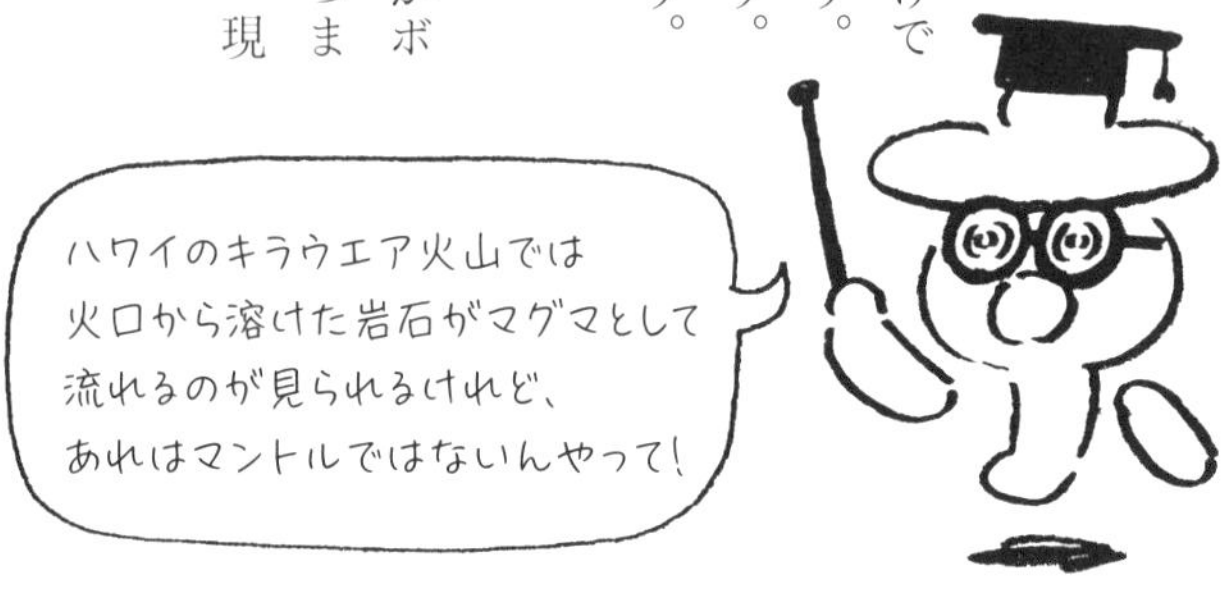
ハワイのキラウエア火山では
火口から溶けた岩石がマグマとして
流れるのが見られるけれど、
あれはマントルではないんやって！

波が伝わらないということは、その間に液体部分があるということ。

地球の真ん中付近が液体だから、地震が発生した場所から非常に遠いところや、地球の裏側にあたる場所へは、地震の横波が直接伝わらないのです。

原始、私たちの星はこんな姿だった

さて、ここまで解説してきた地球の内部構造ですが、重要なのは、他の岩石惑星、つまり水星、金星、火星も、ほぼ同様の構造だと推測されることです。

もちろん、地震を観測してわかった結果ではありません。しかし、惑星の重さと大きさから推定することができます。

惑星の大きさは望遠鏡で見ればわかりますよね。

一方、重さは、惑星の公転周期と万有引力の法則から導き出すことができます。。その結果、水星、金星、火星は地球と同じような重さのものが詰まっていること、また土星や木星は、地球の物質よりももっと軽いガスでできていることがわかりました。

ところで、地球のような岩石惑星は、どうやってできたのでしょう？

地球が誕生した四六億年前は、ものすごく広大な範囲に大量のガスがあるだけでした。ガスはガス同士で引き寄せあい、やがて中心に、大量のガスが濃く集まった部分ができました。濃く集まったガスは圧縮されて液体となり、さらに多くのガスを引きつけ、ついにその真ん中に巨大な星――太陽が現われました。

太陽と地球、そしてその他の太陽系の惑星は、ほぼ同時に誕生したと考えられています。これは、太陽系形成に関する「標準モデル」と呼ばれる理論によって明らかにされました。

標準モデルの考え方は、一九七〇年代にロシアのサフロノフ博士および京都大学理学部に在籍した林忠四郎《ちゅうしろう》先生が中心となってつくり上げました。「京都モデル」とも「林モデル」とも呼ばれています。太陽系の誕生については他にもモデルが存在した中、現在は**京大発の「京都モデル」が世界標準**となっています。

この京都モデルをもとに四六億年前の太陽系を絵にすると、左ページの図のようになります。できたばかりの太陽を囲むように、小さな岩石のかけらやガスが散らばっている状態です。

ポイントは、すべてが平らに渦巻いていること。

これは標準モデルの一つの特徴です。フワフワと雲のように漂うのではなく、真ん中に

林忠四郎（1920-2010）
宇宙物理学者。長年にわたり京大で教鞭をとった。京都モデルの他、ビッグバンの元素生成理論など、その功績は偉大。

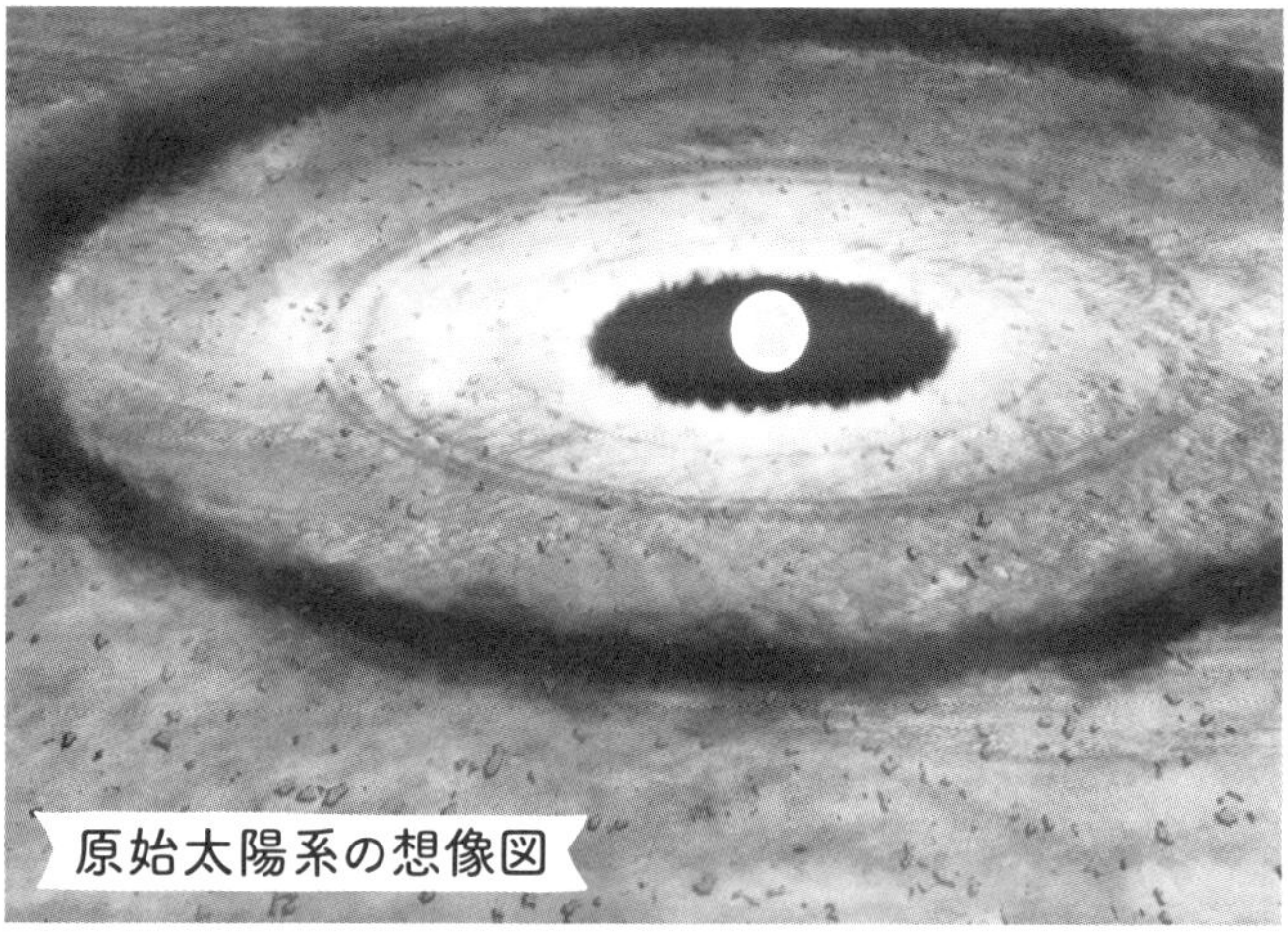

星ができ、そのまわりをガスがさながら円盤のようにとり囲んでいます。

最初は薄く存在するだけだったガスは、円盤となる過程で圧縮されて一度熱くなってから、しだいに冷えていき、その過程で岩石や金属のつぶ、氷のつぶが生じます。

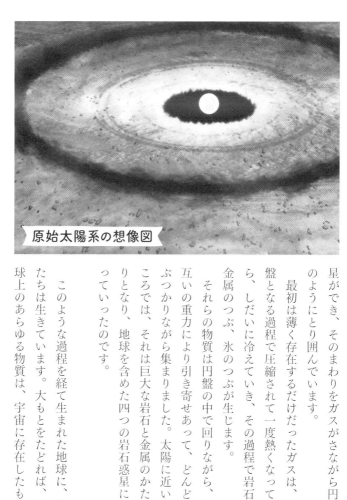

それらの物質は円盤の中で回りながら、お互いの重力により引き寄せあって、どんどんぶつかりながら集まりました。太陽に近いところでは、それは巨大な岩石と金属のかたまりとなり、地球を含めた四つの岩石惑星になっていったのです。

このような過程を経て生まれた地球に、私たちは生きています。大もとをたどれば、地球上のあらゆる物質は、宇宙に存在したものです。

まれに宇宙から隕石《いんせき》が落ちてきたり、彗星《すいせい》が地球のそばを通ったりして話題になりますが、あれらは太陽系が誕生した当時に生じた岩石や氷のかけらたちです。四六億年にわたって宇宙を漂い、ときどき地球の近くやってきます。現在もまだ無数の石や氷が宇宙空間を漂っているのです。

ちなみに、岩石惑星以外の種類の惑星が存在する理由は、太陽からの距離が関係します。太陽から離れた場所では、温度が低いために氷のつぶがたくさん生じます。

氷惑星である天王星、海王星は、その氷が集まってできた惑星です。

巨大ガス惑星である木星と土星は、氷が集まりすぎてあまりに大きくなった結果、重力もものすごく強くなって、まわりに残っていたガスまで引きつけてしまった惑星です。

惑星の命運を分けた「大きなカギ」

では、岩石惑星誕生の過程について、もっと細かく見ていきましょう。

未知の石や物質が地球に
落ちてくる可能性もあるよ。
ラピュタみたい!

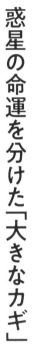

岩石惑星は、まずチリのような岩石と金属のかけらが集まり、微惑星と呼ばれる小惑星のようなものができ、さらにそれらがぶつかることで、より大きな火星くらいの原始惑星になります。これが何度もくり返されて、最後には原始惑星たちが激しく衝突するのです。微惑星は、ある程度の速度をもってぶつかりますが、この運動エネルギーは熱に変わります。星が大きければ大きいほどそのエネルギーは高熱に変わり、その熱は星を溶かしてしまいます。

この「溶ける」という過程が重要なポイント。

いろいろな物質がぶつかって溶け合っていく中で、岩石に含まれていたガスの成分が分離して表面へと抜けだし、主に水蒸気と二酸化炭素からなる大気となりました。物質が溶け合った中で、金属も溶けました。金属は主に鉄からできていて、他の物質と比べとても重いため、沈みがちです。溶けたことで重力に引かれて、金属は星の中心へと沈んでいき、ドロドロに溶けた状態で真ん中へ集まりました。

金属が抜けてしまったあとには、溶けたマグマだけが残りました。マグマはやがて冷えて固まり、岩石のマントルと地殻になりました。

こうして岩石惑星は、表面に大気、その下に岩石、そして中心に金属がある、という構造になりました。水星、金星、地球、火星の四つの岩石惑星は、同じ過程を経て誕生したと考えられるため、同じような構造を持つと予測できるのです。

ところが、同じ構造を持つはずの四つの岩石惑星は、それぞれ大きく異なる特徴を持っています。いったいどこでその運命が分かれたのでしょうか。

カギとなるのは、太陽の存在です。

惑星の表面は、太陽に近ければ暑く、遠ければ寒くなります。暑すぎれば水は水蒸気になり、寒すぎれば氷になります。

一方、地球上で生きるわれわれのような生命が生きるためには、水が必要です。水蒸気でも氷でもなく液体の水が確保できるかどうかは、太陽からの距離が重要です。

水が惑星の表面に存在するためには、太陽に近すぎても、遠すぎてもいけません。太陽からの距離において、H_2O（水）が液体の状態で存在できる範囲のことを「ハビタブルゾーン」と呼びます。

ハビタブルゾーンの範囲にある惑星は、地球と火星の二つだけ。「火星には昔、生命が存在していたのでは？」という主張が根強いのは、そのためです。

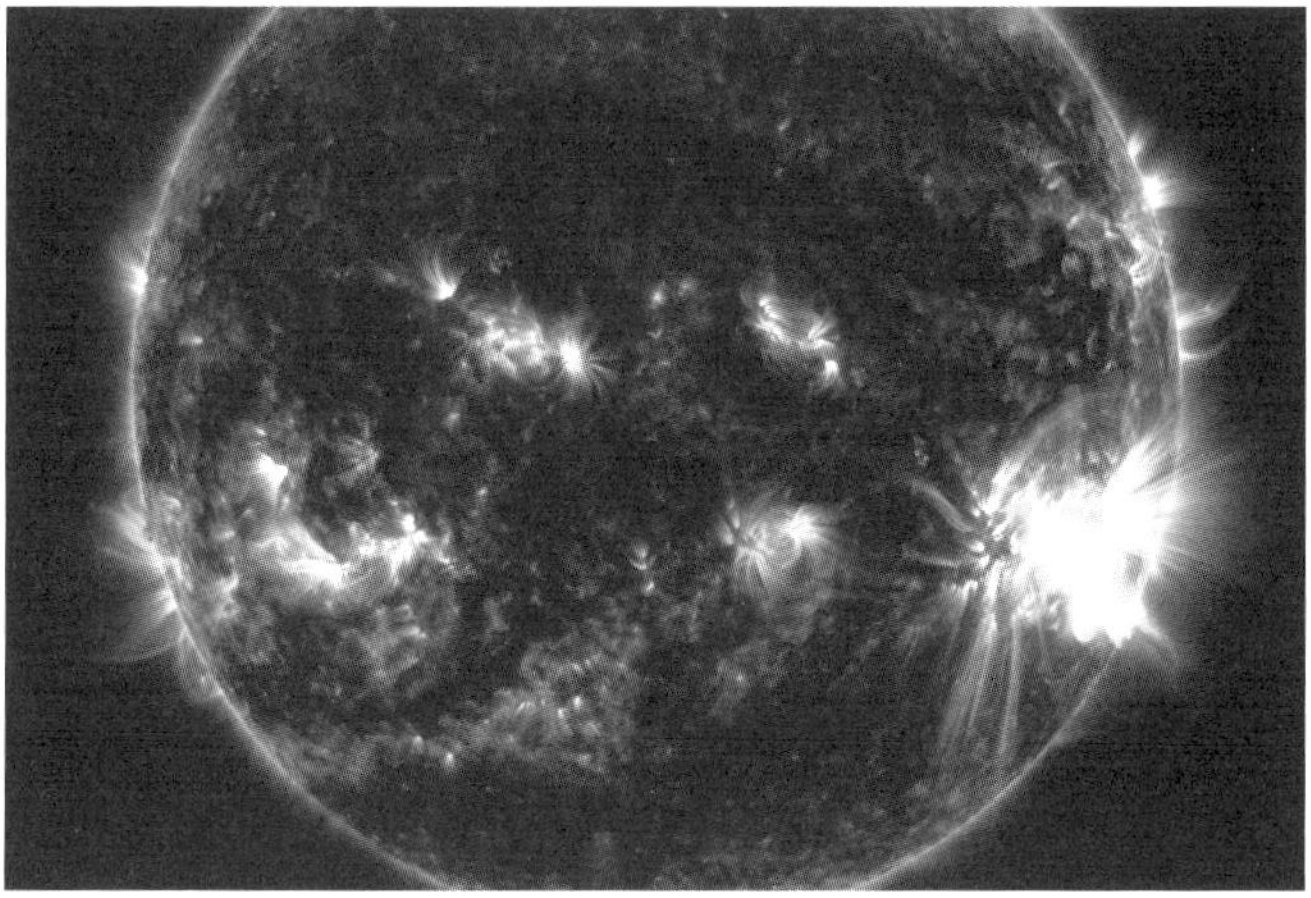

© skeeze／Pixabay

ただし、今現在、火星に水は発見されていません。理屈でいえば火星には水があってもいいはずなのに、実際には見当たらないのです。

なぜ、地球だけに水があるのか。それもまた、太陽の存在がカギになります。

実は、太陽からは光の他に、別のものもやってきます——それが「太陽風」です。

地球を守る「奇跡の磁場バリア」

上の太陽の図を見てください。ひときわ輝いている部分は「太陽フレア」です。

太陽の表面で爆発が起き、電子やイオンといった、電気を持つ小さな粒子がふき出しています。それらはやがて地球や、さらにもっと遠くの惑星まで飛んでいきます。これが「太陽風」の正体です。

風といっても地球で吹く風とはまったく違い、飛んでいるのは電子やイオンで、私たちが肌でその存在を感じることはありません。しかし、人間の細胞を破壊するくらい害のある、非常に大きなエネルギーを持っています。

つまり、太陽風がそのまま地表に届けば、生命にダメージを与えてしまうのです。そして火星は今現在、この太陽風を防ぐことができずにいます。

現在の火星の上も大気がとり巻いてはいますが、非常に薄い状態。大気が薄くなってしまったのは、四六億年の間、太陽風によってどんどん吹き飛ばされたからだと考えられています。太陽風は高速で粒子が飛んでいる状態なので、粒子が空気の分子を弾き飛ばしてしまうのです。

おそらく生まれたばかりの火星は、地球と同じく十分な大気に包まれ、水蒸気もたっぷりあって、地表には水があったはずです。しかし、**だんだん大気が吹き飛ばされてしまったために、気圧が下がって水がどんどん蒸発し、ついには水が消えてしまった**と考えられています。

磁場が地球を太陽風から守っている

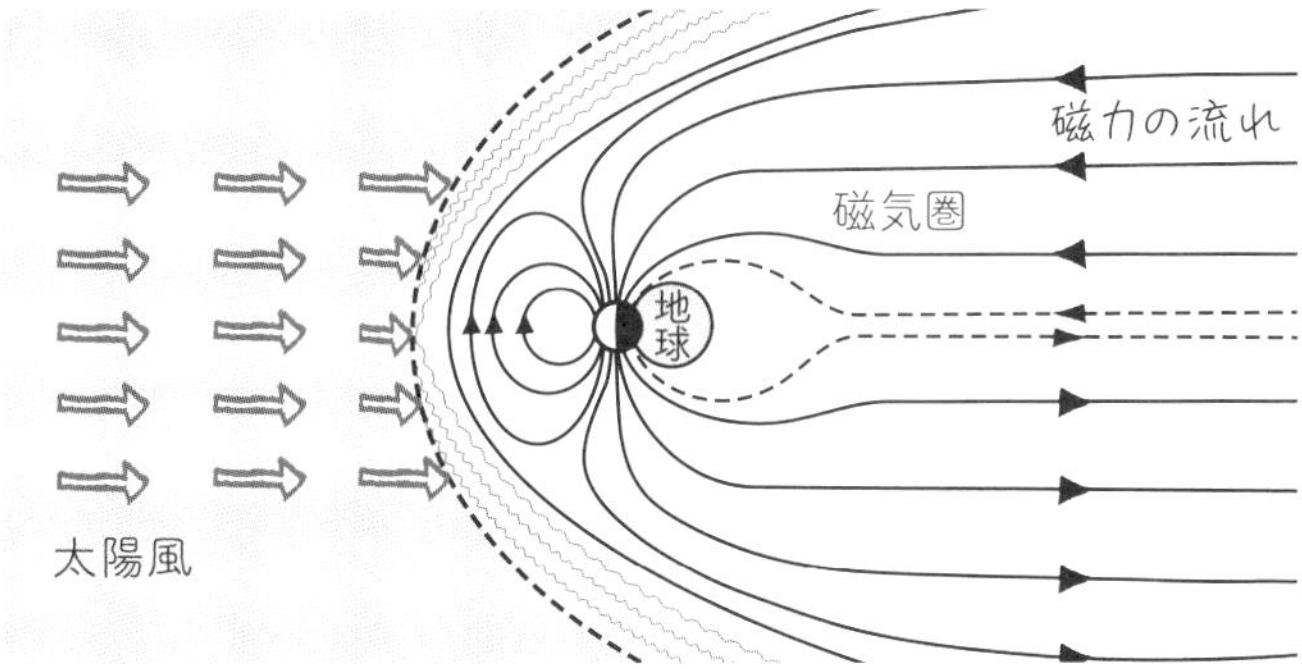

気象庁 地磁気観測所HPより

しかし、疑問に思うのは、火星よりも地球のほうが太陽に近いのですから、より強い太陽風が当たっているはずです。なぜ地球の大気は無事なのでしょうか？

実は、地球には大気を守るバリアがあるのです。

それが**「磁場」**です（39ページの図を参照）。

地球で方位磁針を持てば、どちらが北で南か、たちどころにわかります。まさに方位磁針の針を動かすその力＝磁場が地球を守っています。

地球そのものは大きな一つの磁石ととらえることができます。磁石がつくる磁場と電子はお互いに影響しあい、磁場のあるところに電子が飛んでくると、その動線は図のようにぐにゃーっと曲げられてしまうのです。

地球の磁場は非常に強いバリアです。飛んできた太陽風は、地球の磁場に当たると動きを外にそらされて、内側に入ることができません。

ちなみに、磁場のバリアも完璧ではなく、北極と南極のはるか上方に「カスプ」といわれる隙間があることがわかっています。

カスプから入り込んだ太陽風は、北極や南極の上空へ流れていき、大気に当たって、あの美しいオーロラをつくり出すのです。太陽の活動が活発化すると、オーロラもよく見えることがわかっています。

オーロラ

北極にオーロラが出ているときは、同時に南極にも現われる。それは太陽風が両極のカスプに同時に流れ込むから。

ところで、地球が強い磁場に守られている一方で、なぜ火星の磁場は弱いのでしょうか。理由はいまひとつわかっていません。

そもそも、磁場が存在するのは、岩石惑星の構造に理由があります。

先にも説明したとおり、地球の外核は溶けた鉄のかたまりです。そして、溶けた鉄が流れると磁場が発生します。

金属は自由に動ける電子を持っており、これが流れることで電流が流れ、その電流の流れが磁場を発生させるのです。

これは岩石惑星が共通に持つ特徴ですから、同じ岩石惑星である火星の中心部分にも同じように金属のかたまりがあるはずです。しかし考えられるのは、金属が固まってしまい流れない状態になっているか、もしくは溶けてはいるが磁場ができるほどには流れていないのかもしれません。

きちんと検証するには、火星に住んで観測するしか術《すべ》がありませんが、今のところは難しいでしょうね……。

ちなみに、地球と比べると、火星の磁場の強さは五〇〇分の一、金星にいたっては五〇

地球の磁場は人工衛星が
常に観測しているよ。

〇〇分の一しかないことがわかっています。

ところが、不思議なことに、地球の磁場の五〇〇〇分の一しかない金星には、ものすごく厚い大気の層が存在します。

地球よりも火星よりも磁場が弱く、しかし太陽にはずっと近いため、より強い太陽風の影響を受けているはずなのに、大気はたっぷり残っているという矛盾。いったいどういうことなのか。

現在にかぎっていえば、金星が受ける太陽風は、金星の厚い大気を吹き飛ばせるほどには強くないと考えられています。

一方、昔の太陽は今よりもはるかに強い太陽風を出していた可能性があります。そのころに金星の大気が吹き飛ばされなかったのはなぜか、詳しいことはわかっていません。

大気があるなら、もしや「金星人」も存在するのでは……と期待されそうですね。しかし、**金星はむしろ大気が多すぎて、気圧が非常に高いため、地球に存在するような生命体は一瞬でペチャッとつぶれてしまいます。**

また、大気の温室効果のために地表は四五〇度を超える灼熱地獄。この環境に耐えられる生物は、おそらく存在しないでしょう。

酸素によって引き起こされた「生命の危機」

先ほど「生命が生まれるためには水が必要である」とお話ししましたが、必要なものは他にもあります。

そう、「酸素」です。

実際のところ、酸素がなくても生きられる生物はいくらでもいるのですが、動物はみな酸素呼吸をしています。酸素がなければ、今のような世界にはなっていません。

しかし、**地球が誕生した当初、酸素はありませんでした**。

表面はドロドロで、まだ海もなく、のちに水となるものは水蒸気として大気中にたくさん漂っていました。二酸化炭素と窒素も存在しただろうといわれています。

しかし、このころ、酸素はまったくなかったようです。火星や金星も同様であったと考えられています。

その後、**なぜ地球に酸素が生まれたのかというと、それは生命のおかげ**でした。

49ページの図は、地球誕生以来の酸素量の変化を推定してグラフ化したもの。四六億年前はまったくなかった酸素が、二五億年前ごろから増えはじめるのは、この時期から大繁殖した「シアノバクテリア（ラン藻）」という生物の影響です。

シアノバクテリアは現在の植物と同じで、太陽の光と二酸化炭素と水から、酸素とエネルギーをつくり出すことのできる、地球で初めての生物の一種でした。大変小さな微生物ですが、大量に集まりびっしりくっついて、「ストロマトライト」というドーム状のコロニーをつくります。

二七億年前の地層からその痕跡がたくさん発見されているのですが、実はオーストラリアの西海岸にあるシャーク湾では現存するストロマトライトを見ることができます。海岸の浅瀬にできた丸いかたまりが、ブクブクと泡を出しているのです。

もちろん、この泡が酸素です。

今を生きる私たち人間にとって、酸素は生きていくのになくてはならないものですが、シアノバクテリアが誕生したころの地球にとっては、まったく別ものでした。

思い出してみてください。子どものころ、火が燃えるために必要なものは何だと教わりましたか？　そう、酸素。酸素にはものを燃やす能力があります。

はるか昔、まだ地球に酸素がない時代の生物は、酸素を必要としていませんでした。彼

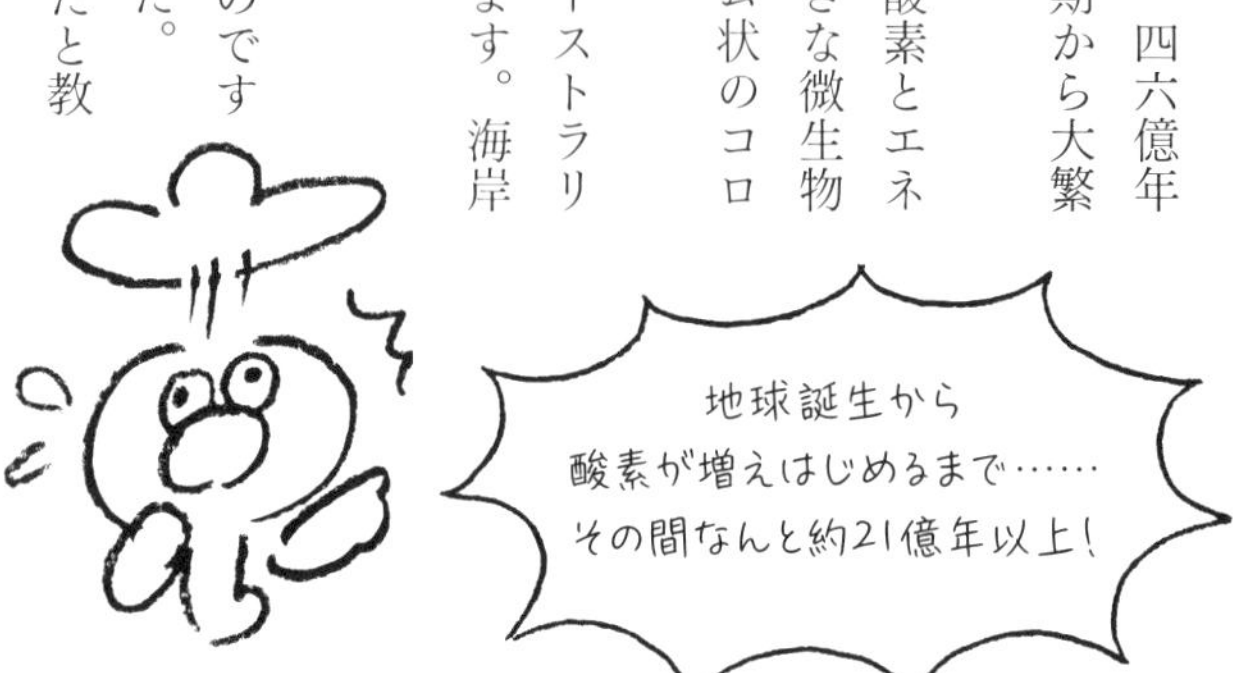
地球誕生から
酸素が増えはじめるまで……
その間なんと約21億年以上！

らにとって、酸素をとり込むことは、みずからの体を燃やしてしまうことを意味しました。

つまり、**酸素のない世界に住む生物にとって、酸素は猛毒だった**のです。


では、なぜ私たちの体は酸素をとり込んでいるのに、燃えないのでしょうか。

第一に、人間の体が酸素で燃えないように進化したから。

第二に、正確にいえば、私たちは「酸素」を吸って生きているのではなく、「空気」を吸って生きています。空気中に含まれる酸素は二〇％程度であり、そのほかは窒素です。

つまり、窒素によって酸素はちょうどいいあんばいに薄められていること。

もし、空気中の酸素が一〇〇％になったら、どうなると思いますか？　ちなみに、工業用に一〇〇％の酸素ボンベが売られていますが、吹き出し口に紙を置いたままプシューッと噴射させると、あっというまに紙は燃えてしまいます。

そこに燃えるものがあれば、二〇度くらいの気温であっても、あっというまに燃やしてしまう――酸素そのものはそれぐらい恐ろしいものです。木でも、布でも、人間の体でも、一〇〇％の酸素に触れれば燃えてしまいますよ（試さないでくださいね！）。大気中の酸素が三五％まで増えただけで、森林は自然発火してしまうという話もあるほどです。

存在するのが当たり前になった現在でも、取扱い注意の酸素ですから、酸素がなかった世界に、突然それが出現したとき、世界がどうなったかは想像にかたくありません。おそらく大絶滅が起こっているはずなのです。

酸素という毒をまき散らすシアノバクテリアの登場によって、酸素に耐えられない生物は死滅し、地球上の生命は大きく入れ替わったはずです。

酸素のない地球で生きてきた生物たちにとって、酸素の登場はまさに青天の霹靂《へきれき》、想定外の大事件だったでしょう。しかし、大半の生物が酸素の毒にやられて死滅していく中、なんとか酸素に耐えて生き延びた生物たちもいました。

ここで一つ疑問が生じます。それまで、すべての生物が酸素のない環境で生きていたのに、なぜその中に、酸素に耐えられる生物がいたのでしょうか。詳しいことはわかっていませんが、おそらく、その時代の生物が持っていたさまざまな機能の一つが、〝たまたま〟酸素に耐えるのに利用できたのでしょう。

このような、生物のある機能が本来とはまったく別のことに使われるようになる、という現象は、生物進化の歴史の中でしばしば起こります。5章の神川龍馬《かみかわりようま》先生のパートで紹介されている「マラリア原虫が経た〝殺人鬼〟への進化」などはその端的な例でしょう。

その後の地球では、酸素に耐えられる生物が進化し、酸素を有効に使って生きていく生物たちが繁栄するようになりました。その進化の果てに、私たち人類がいます。

つまり、私たちのように酸素を必要とする人類が今の地球上で繁栄できているのは、**酸素という猛毒に〝たまたま〟適応できてしまった〝変わった生物〟が、太古の昔に生まれてくれたおかげ**にほかなりません。

三度の「全地球凍結」を生き抜いた生物

さて、酸素が登場したあとの地球はというと、さらに想定外の事態がひたすら続くことになりました。地球の歴史はどんどん怖くなっていきます……。

次に訪れた大事件は**「全地球凍結」**です。

地球の海面がすべて氷でおおわれてしまった時代が、三回あっただろうといわれています。この事実は、氷山が運んだ地層によって解明されました。

氷山は氷河から流れてきて海に達します。氷河を流れている間に、まわりの石を削って巻き込んでいきます。石はパキッと割られた状態がそのまま残るため、とても大きく角ばっているのです。川に流された石であれば、角がとれて小さく丸くなるため、その違いは一目瞭然です。

世界中のさまざまな場所で、深海で積もった泥の中に角ばった大きな石が含まれている地層が発見されています。そんな場所へ角ばったままの大きな石を運べるのは、氷山でしかありえません。

もちろん、その地層が北極で見つかるのなら不思議ではありません。しかし、**二三億年前、七億年前、そして六億五〇〇〇万年前の三つの時期については、そのような地層が赤道付近で溜まっている**のです。

赤道あたりまで氷山が凍ったまま流れ着くなど、普通であれば考えられないことです。つまり、その三つの時期は、普通ではないことが起こったのでしょう。おそらく、**赤道付近も含めた地球の表面すべてが凍っていた**のです。

いったいなぜ地球は凍ってしまったのか？

この謎については諸説ありますが、検証することが非常に難しく、明確な答えは出ていないというのが正直なところです。

先にも述べたように、地球はハビタブルゾーン内にあり、水という物質が存在する場所なのに、すべてが凍ってしまったというのは実に不思議です。

地球を襲った環境の危機

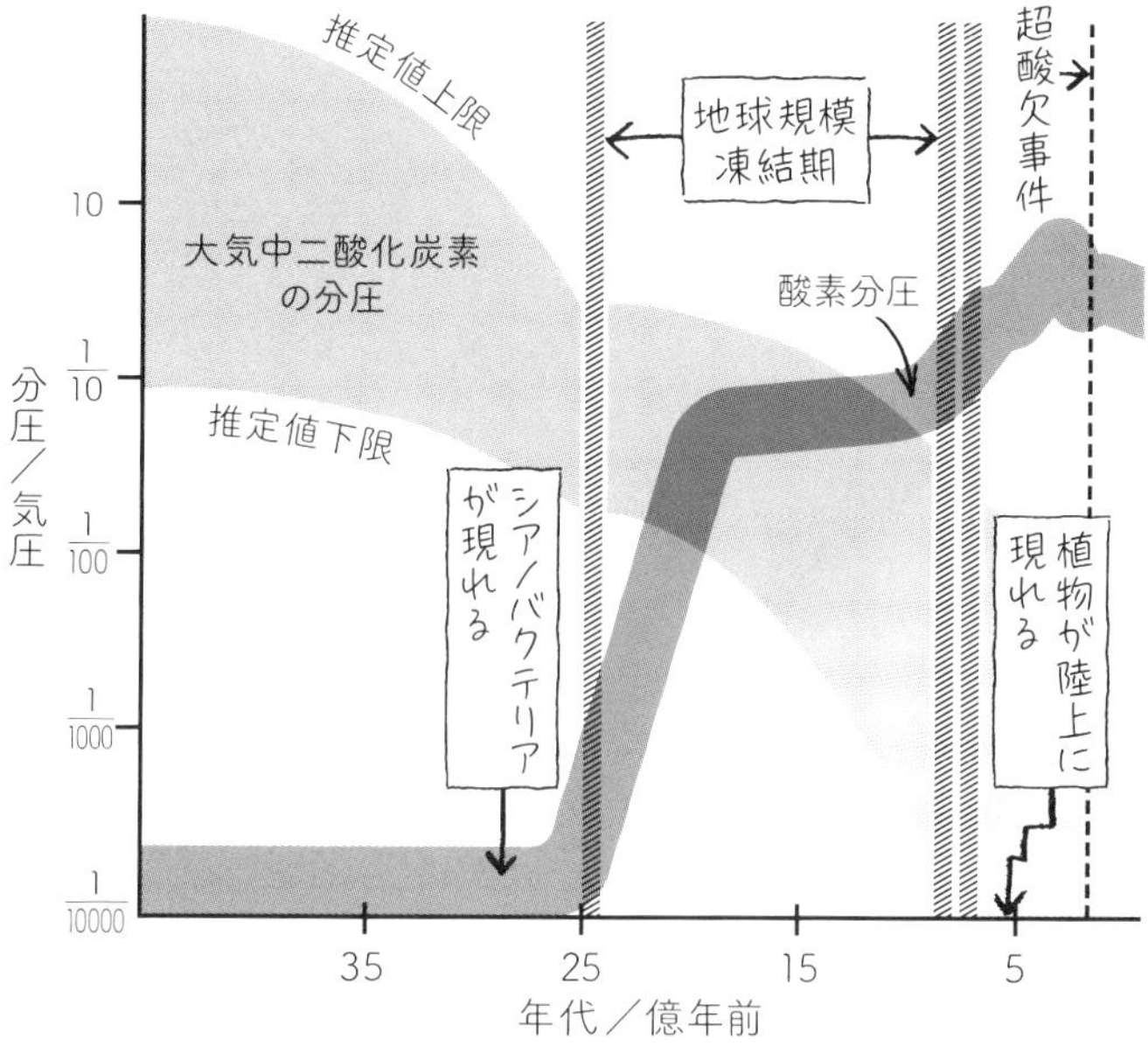

- 地球の歴史とともに酸素／二酸化炭素の割合は変化している
- 今までに地球は3度、全凍結している
- 海の中から酸素がなくなってしまったこともある

Holland（2007）『Philosophical Transactions of the Royal Society B』誌 vol.361, p.903-915

Kasting（1993）『Science』誌 vol.259, p.920-926を参考に作成

まだ仮説にしかすぎませんが、興味深い説を挙げるなら「銀河宇宙線原因説」があります。太陽から太陽風が届くのと同じように、遠くにある別の星からも同じような粒子が届くのですが、これを「銀河宇宙線」と呼びます。銀河宇宙線が大気に当たると雲がつくられやすくなるという現象があり、これは実験でも再現することが可能です。

雲は白く、太陽の光を反射します。その分、地球は温められなくなります。なんらかの理由で急に銀河宇宙線が増えたことで、ものすごく厚い雲が地球をおおうことになれば、地球はどんどん冷えていき、氷ができます。氷もまた白いため、さらに太陽の光を反射してしまいます。地球はますます温まりにくくなり、ついにはすべてが凍ってしまったのではないか——という説があるのです。

ちなみに、全地球凍結の時期と、いわゆる氷河期とは少し違っています（今から約七万年〜一万年前には日本も氷河に襲われ、大陸と地続きだったと考えられています。氷河期についてはあとで触れましょう）。氷河期に凍ったのはせいぜい北極から日本あたりまででしたが、全地球凍結時は赤道まですべて氷でおおわれていました。

この状態のことを英語で「Snowball Earth（雪玉地球）」と表現するほど、まるごと凍りついてしまったのです。

ところが、三回にもわたる全地球凍結が起こったにもかかわらず、地球の生命はゼロにはなりませんでした。もちろん、多くの生命体は死に絶えたでしょう。しかし、**海の表面は凍っても、中までは凍らなかったと考えられ、それによって生き残った生命もいた**のです。

また、環境に適応するために進化したり、厳しい環境の中でこそ繁栄できる生物もあっただろうといわれています。

それを示唆《しさ》するのが、49ページの図中にある酸素量の変化を表すグラフです。ちょうど二五～二〇億年前と一〇～五億年前くらいに、酸素の量が急激に増えていることがわかります。

酸素は、生物が存在しなければ増えません。つまり、三回の全地球凍結と同時期に酸素量が増えたことは、生物が増えたことを示していると解釈できるのです。

地球がなんらかの想定外の事態に巻き込まれるたびに、それまで生きてきた生物たちは消えていきましたが、同時に、同じ状況下で繁栄した生命がいたのです。

黒い地層が教えてくれる海の超酸欠事件

地球における想定外の大事件は、まだ終わりません。このあたりであまりの惨事に悲鳴が聞こえてきそうですが、続けます。

全地球凍結のあと、二億五〇〇〇万年前にもまた大量絶滅が起こりました。この時期は古生代（約五億四〇〇〇万年前〜二億五〇〇〇万年前）と中生代（約二億五〇〇〇万年前〜六五〇〇万年前）の境目であり、化石が存在していることからよく知られるアンモナイトや三葉虫《さんようちゅう》が繁栄していました。ところが、あるときから突然——といっても一〇〇〇万年くらいの時間をかけてですが——地球にとっては突然に、海から酸素がなくなってしまったのです。

まさに、「海の超酸欠事件」でした。

オーストラリアのシドニーの近くの海岸に、古生代と中生代の地層が見られる場所があります。切り立った崖がくっきりと二層に分かれており、ガケの下の地層は白く（古生代の地層）、中ほどから上に黒い地層（古生代末〜中生代初期）ができています。このような地層は、オーストラリアだけでなく世界中で見つかっています。

この黒い地層ができた時代は、そのとき酸素がなかったということを意味します。普通、海で生き物が死ねば沈んで底に溜まり、そこで生きるさまざまな生物によって分解されていきます。しかし、その時代、酸素がなかったことで死骸は分解されないまま蓄積しました。

その結果、地層には有機物が多く含まれることになりました。有機物は地層の中では黒く見えます。そのため、そのまま黒い地層となって残ったわけです。地層の中にいきなり

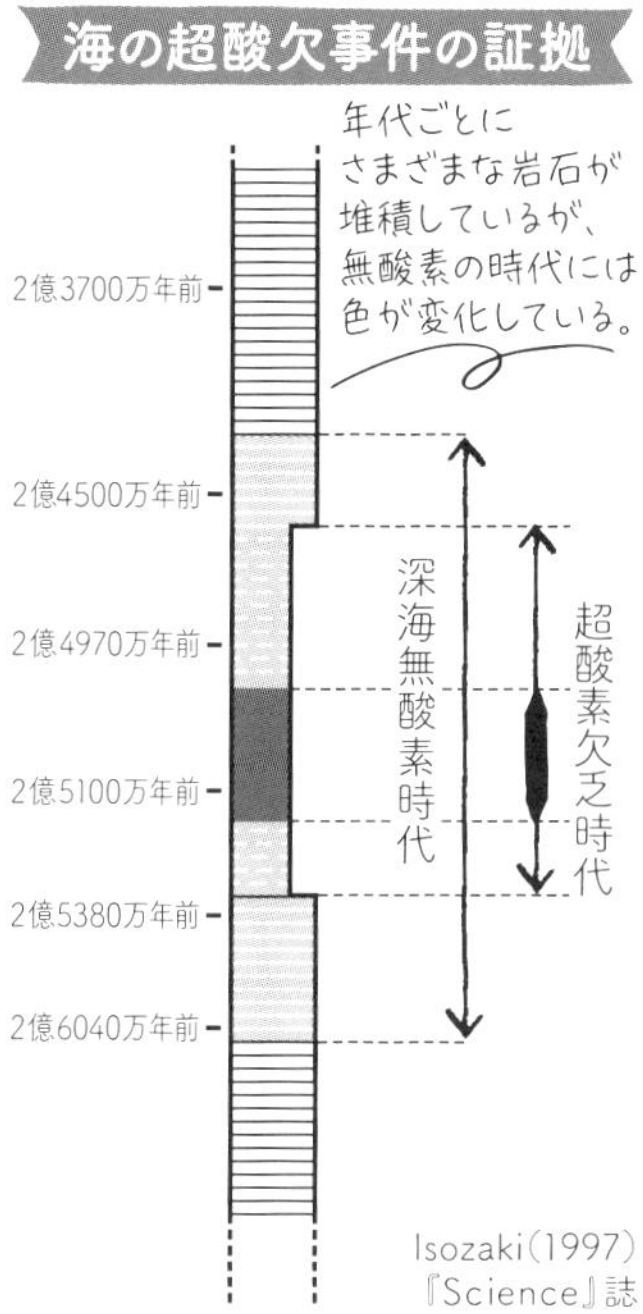
海の超酸欠事件の証拠
年代ごとにさまざまな岩石が堆積しているが、無酸素の時代には色が変化している。
2億3700万年前
2億4500万年前
2億4970万年前
2億5100万年前
2億5380万年前
2億6040万年前
深海無酸素時代
超酸素欠乏時代

Isozaki(1997)『Science』誌 vol.276, p.235-238 を参考に作成

小木曽先生は世界中の地層を調べている岩石学者。旅行に行っても崖の地層ばっかり気になるらしい。

黒い部分が見られることで、「この時代に何かが起きた！」と教えてくれるのです。

では、なぜ海の中に酸素がなくなってしまったのでしょうか。これも原因ははっきりしていませんが、その結果は推測できます。

まず、海で生きていた生物たちの大半は死に絶えたでしょう。大気中には変わらず酸素があったと考えられ、当時すでにできていた陸地の森や、そこに生活していた両生類などは、そのまま生存し続けたと考えられます。

海の生物たちはほぼ絶滅したわけですから、海はすっからかんです。もしかしたら酸欠事件が落ち着いてから、先住民がいなくなった広い海へ陸から居を移したものもいたかもしれません。

こうして恐竜は、地球上から消えた……

さて、海の超酸欠事件後も、地球はおちおちしていられませんでした。

今度はみなさん聞いたことがあるでしょう。おなじみの恐竜絶滅です。六五〇〇万年前、地球に巨大隕石が落下し、恐竜たちがいなくなってしまいました。

巨大隕石は、メキシコのユカタン半島に落ちました。現在でも衝突の衝撃でできた直径一八〇キロに達する大きさのクレーターが地下に埋もれて残っています。

隕石じたいは、その一〇分の一くらいのサイズだったと考えられます。ただ、隕石と地球がぶつかると同時に大爆発が起きるので、巨大な穴ボコが空くのです。

ぶつかった衝撃で空に舞い上がった大量の物質は世界中に降り積もりました。その結果、最近になって、空から降ってくるはずのない物質が溜まっている特殊な地層が世界各地で発見されることになり、巨大隕石落下という大事件は明るみに出たのです。

衝突の衝撃で舞い上がった物質は、地球全体をおおいました。これが原因で地表に届くはずの太陽光が遮《さえぎ》られてしまったといわれています。光がなければ、植物は育ちません。植物がなければ植物を食べる動物も死に、同時に動物を食べる動物も死に絶えます。

つまり、またしても地球に大絶滅が起こり、生態系は大きく変化したのです。地上の覇者であった恐竜が絶滅したあとも、鳥類やほ乳類といった動物がしぶとく繁栄し、その長い長い果てに、「今の地球」があります。

恐ろしいことですが、**六五〇〇万年前の隕石衝突と同じことは、今後いつ起こってもおかしくありません**。このとき衝突した隕石と同じサイズのものも、もっと大きいものも、宇宙にはたくさん飛びまわっています。

今は決まった軌道をクルクル公転していても、いつか木星のような大きな惑星の重量に影響されて、軌道を乱されてしまうかもしれません。その軌道が、地球の軌道と重なってしまうことが、絶対にないとはいえないのです。

そして、**今の地球には、向かってくる隕石を回避する方法はありません……。**

現在進行中の「氷河期」

最後に、四六億年の地球の歴史の中で、今まさに起こっている大事件のお話をしましょう。それは「氷河期」です。約三〇〇〇万年前から今現在にいたるまで、地球の気温は二万年から一〇万年の間隔で上がったり下がったりをくり返しています。

この現象には、大気中にある二酸化炭素の量の変化が関係しています。地球の気温が上がったと推定される時期には二酸化炭素の量が上がっています。

これを間氷期《かんぴょうき》と呼びます。その後、気温はどんどん下がっていくと同時に、二酸化炭素の量も少なくなっていきます。これが氷河期です。

また、57ページの図をご覧いただくと、一見すると上下の動きは不規則に見えますが、

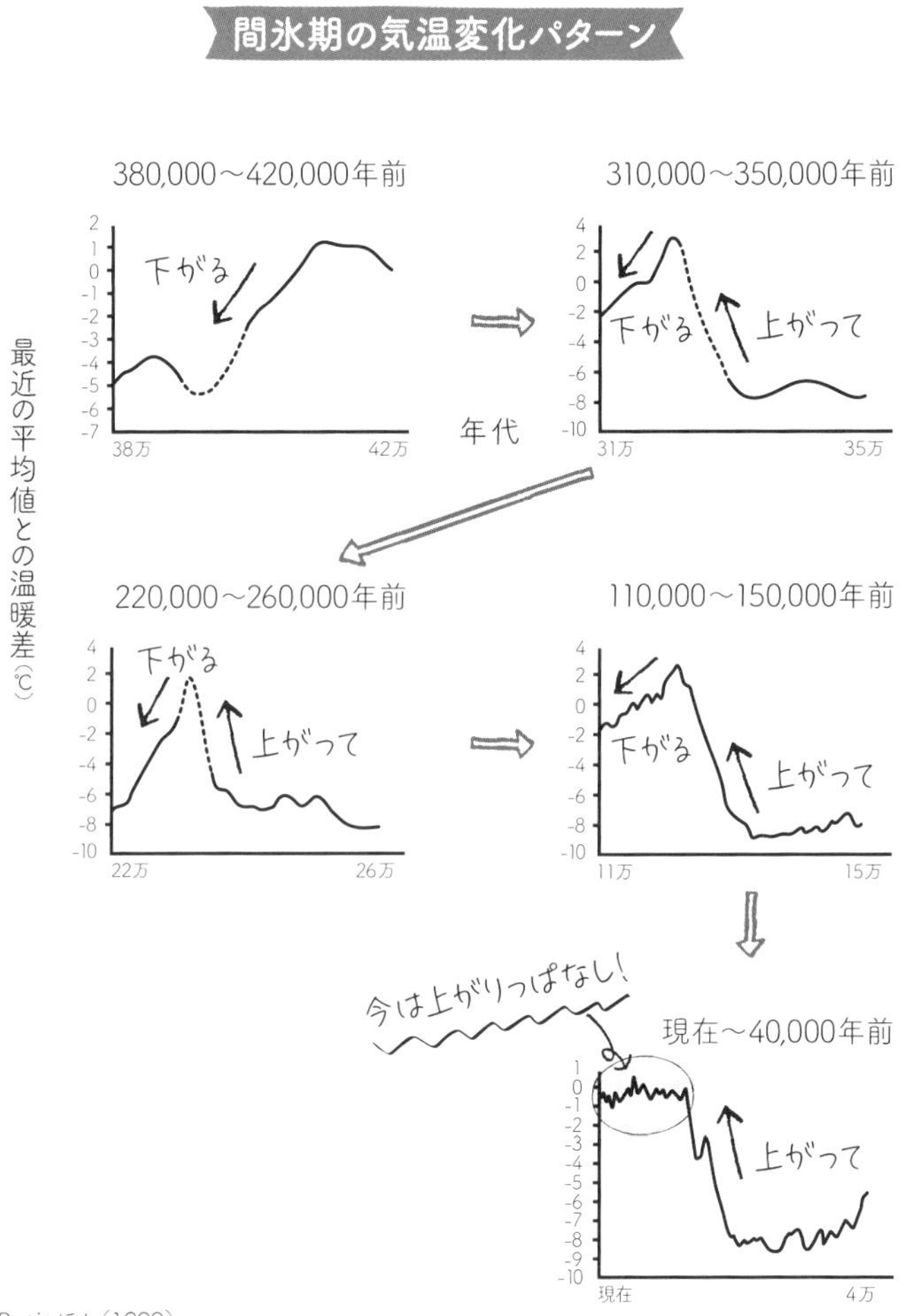

Petitほか（1999）
『Nature』誌 vol.399, p.429-436を改編して作成

長い目で見れば一定の間隔で上がったり下がったりをくり返しています。

八〇万年前以降の時代では、**氷河期は一〇万年に一回くらいの間隔で起こっており、最後の氷河期が終わったのは一万年くらい前**のことです。それ以降は気温が上がり、今はまさに間氷期だと考えられます。

今が氷河期の流れの中にあるとするなら、近いうちに地球の気温は下がっていくでしょう。次の氷河期を迎えるのです。

しかし、今現在の地球には、これまでの氷河期の流れを踏まえると、奇妙な現象が起こっています。図を見ればわかるように、三〇万年前も、二〇万年前も、一〇万年前も、氷河期が終わって間氷期となった直後に、気温は下がり始めています。

ところが現在の間氷期は、気温が上がったままますでに一万年がたとうとしているのです。過去の傾向とは明らかに異なります。

例外的に長く続く間氷期の原因は、わかっていません。ただ、地球の気候が今、例外的に安定していることは確かです。気候が安定しているからこそ、毎年同じ場所で安定して農業や牧畜をすることができますし、都市をつくって同じ場所に住み続けることができるのです。約二五〇万年前から存在する人類が、数千年前になってようやく高度な文明を発展させることができたのは、気候の安定あってこそです。

現在の地球では、一万年間安定していた気温がさらに上がっていく「温暖化」が進んでいます。この傾向は、人間が起こした産業革命以降に始まっていますが、それはたったこの二〇〇年ほどの話。地球にとっては、ほんの短期間の出来事にすぎません。

この温暖化傾向が今後もずっと続くのか、あるいは、過去の間氷期と同様、いつか氷河期に向かって気温が下がり始めるのか、誰にも正確な予測はできません。そもそも、一〇万年のサイクルで氷河期が来る原因も、現在の間氷期が例外的に暖かい原因もわかっていないのですから、これから何が起こるのかを予測することは、極めて難しいのです……。

絶対に訪れる未来の大絶滅

ただし、確実にわかっていることが一つがあります。

太陽は、どんどん明るくなっているのです。

どんどん明るく、どんどん熱くなっています。

これが何を意味するかというと、ハビタブルゾーンが太陽からより遠くへ、遠くへと移動していってしまうということです。もし地球がハビタブルゾーンから外れてしまうほど

氷河期がくり返されるのは、地球の自転の軸が少しブレてフラついているからだといわれている。

太陽が明るくなれば、地球は今よりずっと熱くなり、水は液体の状態を維持できなくなって水蒸気となり、海は干上がってしまうでしょう。

太陽がより明るくなっていくことは、物理学的に考えて間違いないといわれています。太陽の中では核融合が起きており、理論的に考えれば、どうやっても激しさを増していくことを止められないのです。

短いスパンで見れば明るくなったり暗くなったりをくり返している太陽ですが、一億年、一〇億年という長い期間で見れば、確実に明るくなっています。

左ページの図を見てもわかるとおり、水が一気に蒸発してしまうような暴走温室効果が起きる領域の、実にギリギリのところに地球がいます。

一方で、先にも述べたとおり、地球じたいは今、氷河期の流れの中にあります。生まれたときはドロドロに溶けた熱いかたまりであった地球が、四六億年かけて少しずつ冷えていっているのです。

一方では熱くなり、他方では冷えていく。そのバランスは今、ギリギリのところで保たれていますが、やがて確実に破《は》綻《たん》するでしょう。

なぜなら、明るく熱くなっていく太陽には勝てないからです。

それが一〇〇万年後なのか、一億年後なのかはわかりません。そのとき人類はどうすれ

いつか地球に「暴走室温効果」が生じる……!?

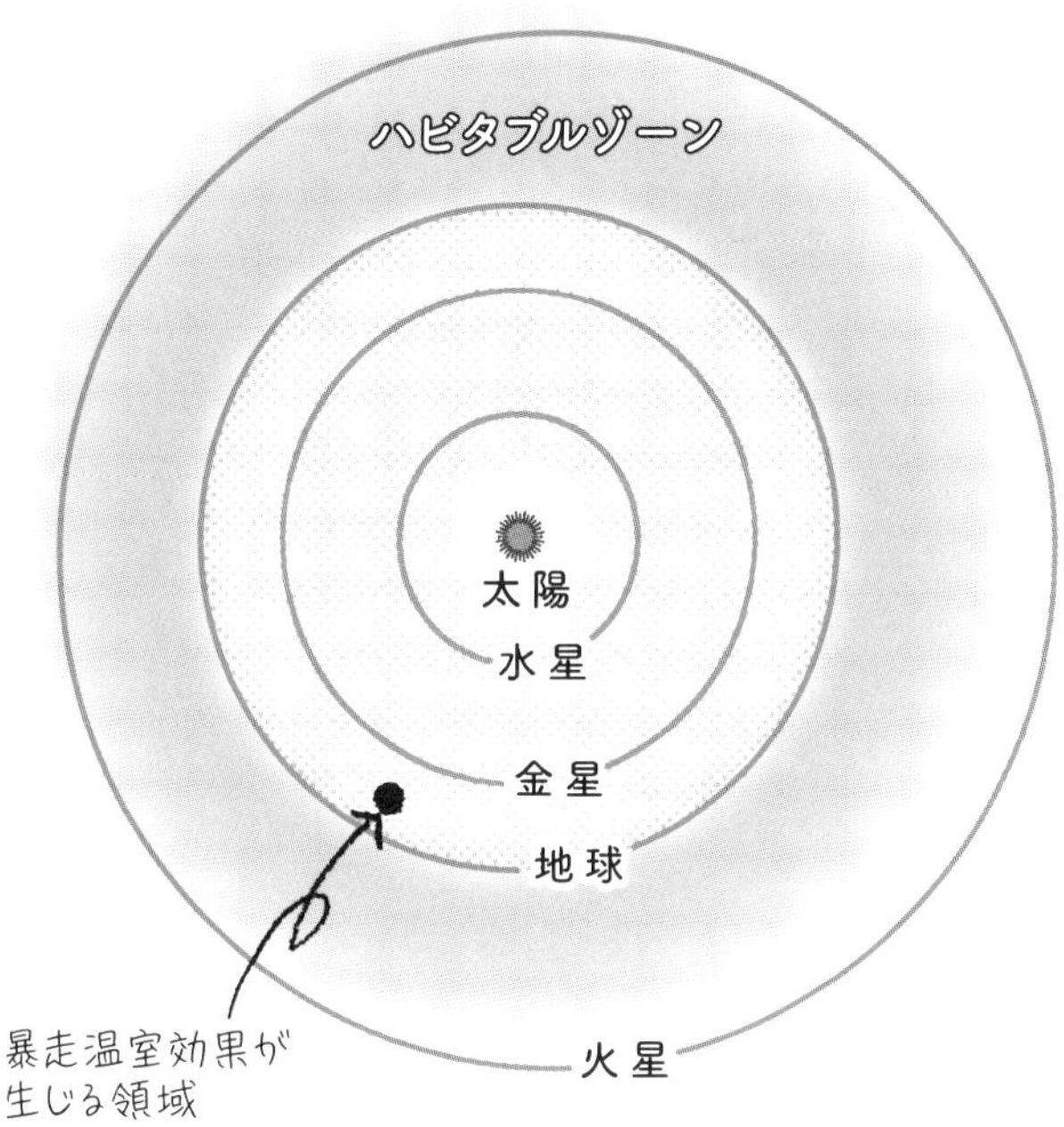

Kopparapuほか(2013)
『The Astrophysical Journal』誌 vol.765, p.131を参考に作成

ばいいのでしょうか。人類が生き延びる道はあるのでしょうか。

残された時間の中で

人類の未来、そして、地球の未来はどうなるのか。

そう考えるとき、私たちはつい今にばかり目を向けがちです。差し迫る問題にばかりとらわれがちです。

しかし、ここまで述べてきたように、地球には長い長い歴史があります。予想外の大事件を幾度も経験してきました。その過程で多くの生命が絶滅し、新しい生命が誕生してきたのです。

一〇万年に一度訪れる氷河期が終わり、たまたま暖かかった一万年の間に、人類の文明は発展してきたこと。それは同時に、四六億年かけて冷え続けている地球の流れの中で起こったこと。一方で、地球を照らす太陽は、四六億年かけてますます明るく、熱くなっていること。

すべてあってこその「今」なのです。

誰かがそうしようと思って、現在の地球環境ができあがったわけではありません。**起こってしまったことに、ひたすら対応してきた結果**です。

先にも述べましたが、太古の昔において酸素は猛毒だったのです。いきなり有害物質を吐きだしはじめた生物によって、その当時、だいたいの「普通の生き物」は滅んでしまいましたが、中には酸素に〝たまたま〟適応できて生き残ってきた「変な生き物」もいました。その「変な生き物」の子孫として、私たち人類が誕生しました。これらは決して計画的に生じた出来事ではありません。

極端な話、何億年かあとに太陽の灼熱の光が地球の生命を滅ぼす前に、なんらかの理由で再び全地球凍結が起こってしまったら、私たちは確実に滅亡するでしょう。しかし、人類が死に絶える一方で、他に生き残る生命もあるはずです。

過去の地球がそうであったように、人類が滅亡しても、地球上の生物すべてが滅亡することは、おそらくありません。かつてこの地の覇者であった恐竜が死に絶え、その後、紆余曲折《うよきょくせつ》あって人類が繁栄を遂げたように、新たな環境に適した、まったく新しい生物が地球を支配するかもしれません。そうならない未来もあるし、そうなる未来にも可能性があります。

小木曽先生の時間感覚は
億年単位でブッ飛んでるけど、
たまにはそういう目線で地球のこと、
考えてみてもイイかもね〜。

とにかく地球は続いていくし、生命はつながれていきます。地球は生き物の多様性を活かしながら、何度も「滅亡→再生」のループを受け入れ、そのつど対応して、なんとかやりくりしてきたのですから。

地球が歩んできたスケール感覚で考えれば、未来を予測してその対策を立てるのもいいけれど、必ずしも予測どおりにいくとはかぎりません。

ただ一ついえるのは、**未来の地球に生き残るのは、意外な〝変人たち〟——〝えっ? まさかあの生物が!?〟であろうということ**です。

変人こそ、未来の地球の主役だ! きっと予想もしなかった、新しい未来が待っている——私たちはそう信じて、「変な生き物」として堂々と生きていきましょう。

KYOTO UNIVERSITY

小木曽先生の『常識を超える』ノート

▼地球は今、四六億歳。
気が遠くなるほどの悠久の時間を生きている

▼火星と金星には生物はいないのに、地球だけ
「〝たまたま〟いい条件が重なって」生命が生まれた

▼原始の生物にとって、酸素は猛毒。
酸素に適応できた〝変な生き物〟だけが残った

▼恐竜を絶滅させた隕石は、またやってきてもおかしくない

▼地球はだんだん冷えているが、
太陽はさらに明るく熱くなっている。
地球は今、そのはざまで微妙なバランスを保っている

2

経営の教室

なぜ鮨屋のおやじは怒っているのか

――「お客さまは神さま」ではない！

経営管理大学院 准教授 サービス経営学
山内《やまうち》 裕《ゆたか》

趣味の食べ歩きが高じて、今の研究にたどりついた。
人生は何がどう転ぶかわからない。

「おもてなし」の裏側

私の経営学者としての研究分野は「サービス」です。

みんなが毎日、レストランで、コンビニで、スーパーで、あらゆる場所で受けている、あのサービスです。サービスのよしあしは、お店の提供する商品と同じくらい、「お客さんがまた来てくれるか」を左右する要素です。

「サービス」といえば、二〇二〇年の東京オリンピック招致に向けて、アナウンサーの滝川クリステルさんが「お・も・て・な・し」のプレゼンをしたのはみなさん覚えておられますね？　日本流の「上質なサービス」の象徴として、このキーワードが用いられたわけですが、いったい何が「いいサービス」だと言えるのでしょうか。

しかし、そもそも「サービス」とは何でしょう。

まずは、世の中の人たちがサービスをどうとらえているのかを知るために、グーグルで検索してみると、

「相手のために気を配って尽くすこと」

「お客様に満足していただくために、自分の持てるものを活用して何かをして差し上げること」。

なるほど、自分の知識や技術を誰かのために提供することが、世間で考えられている「サービスの定義」のようです。

しかし、この定義、単純すぎるのではないかと思います。

私がこの疑問を持ったのは、鮨《すし》屋のおやじが不機嫌なのを目《ま》の当たりにしたからです。

「すきやばし次郎」という、ミシュランガイドが三つ星認定した銀座の高級鮨店をご存じでしょうか。「すきやばし次郎」は、一九六五年創業。高級鮨店といっても、かなり年季の入ったオフィスビルの地下にあります。店内は狭く、お手洗いはよそのお店と共用です。

ハリウッドの大スターや、あのオバマ元アメリカ大統領もやってくる、世界に冠たるお店になったあとも、ずっとこの場所で営業されてきました。

店の親方・小野二郎さんを追ったデヴィッド・ゲルブ監督のドキュメンタリー映画『二郎は鮨の夢を見る』に、そのサービスの様子が収められています。

小野二郎さんは、まさに頑固一徹といった風情《ふぜい》。お客さんの前でニコリともしません。「お前、誰や?」という心の声が聞こえてきそうな顔で出迎え、「おいしい」と褒《ほ》められてもぶすっとしています。店の常連である料理研究家の山本益博《やまもとますひろ》さんは、「初めに（店に）行ったとき緊張していました。何年行っても緊張していました」と言います。高い代金を支払いながら、くつろげない店に通っているというのです。

小野さんの態度は、「笑顔」や「思いやり」といったサービスに対する世間一般の認識とは真逆を行っています。にもかかわらず大繁盛です。

これはおかしいんじゃないか？

私が「サービスの定義」に疑問を持ったきっかけでした。

「お飲み物はどうしましょうか」という怖い質問

この謎を解明すべく、私がまず着手したのは実地調査でした。

雑誌にもよく掲載される東京の有名鮨店四軒にお願いし、それぞれの店を四つ以上のアングルからビデオ撮影しました。同時に多数のボイスレコーダーを設置して、親方とお客さんのやりとりを録音し、分析したのです。

その結果、非常に興味深いサービスの実態が浮き彫りになりました。

まずは、親方とお客さんのよくあるやりとりの一例をご紹介しましょう。

親方　えー、早速ですが、お飲み物はどうしましょうか？
客　はい。あ〜……、蒸してるんで生ビールでぇ……
親方　生ビール、行きましょう

さて、なんの変哲もない会話のように見えますが、このやりとりをサービスという観点から分析してみると、とんでもないことが起きています。

まず、「お飲み物はどうしましょうか？」という質問からして奇妙です。なぜなら、お客さんは席に座ったばかり。しかも、初めてのお客さんなのです。メニュー表も渡していません。価格もわからない。お客さんはなにひとつ把握できていない状況なのに、「ほれ、早く飲み物を注文しろ」と催促されています。

きっと読者のみなさんの中にも、お店で同じような経験をされた人がいることでしょう。

ちなみに、私の研究室ではこうしたやりとりのデータを大量にストックしていますが、親方のこうした態度は珍しくありません。そして、問われてスッと淀《よど》みなく答えられるお客さんが、そうそういないのも、よくあることです。

うーん？　よくある
客と店主の会話……。
まさか山内先生、
毎回録音してるの……？

このお客さんも「あ〜」と言葉を濁しながらしばらく考えます。考えた末に生ビールを注文しますが、このときわざわざ「蒸しているから」と理由を添えました。

考えてみてください。レストランでメニューを見ながら注文するときに、なぜそれが欲しいのかわざわざ伝えますか？　そんなことはしないはずです。

では、なぜお客さんはあえて「蒸しているから」とつけ加えたのでしょう。それは**どこか自信がないから**です。「何か理由をいわなければ、コミュニケーションに問題が起こるのではないか」と懸念している可能性があります。

もっと興味深いのは、「生ビールで」というとき、語尾が伸びるのです。文字で表記するなら「生ビールでぇ……」といったあいまいなニュアンス。しかも、音が伸びる瞬間、それまで下を向いていたお客さんが、チラッと親方の表情をうかがう様子を見せました。

このしぐさ、講義で先生から質問された学生が答えるときの様子にとてもよく似ています。自分の行為を相手がどう評価するか、気にしているのです。自分のやっていること、言っていることが、正しいかどうか不安なのです。

「この答えで合っていますか？」と、言外《げんがい》に立てる〝おうかがい〟です。

対する「生ビール、行きましょう」という親方の返しも、よく考えるとちぐはぐです。

ホンマや。
たとえば、コンビニで
「からあげ、ください」
「からあげ、行きましょう」
という会話は変だもんね。

「行きましょう」の主語は本来お客さんのはず。一見すると、鮨屋の親方までお客さんの一員かのような言い回しになってしまっています。

これは、お客さんの出した注文と、その言葉に含まれている「合っていますか？」というおうかがいに対して、「それ、いいね」と親方が合格点を出した瞬間なのです。

ほんの十秒の間の言葉の裏に、こんなにおもしろいコミュニケーションが起こっています。

ところが、お客さんが変わると、親方とのやりとりもガラリと変わります。次の例は、とある別のお客さんが店に入って、座った瞬間の会話です。

親方　お飲み物はどうしましょうか？
客　ビールを
親方　大瓶と小瓶がございますが？
客　小瓶で

お客さんが座ろうとした瞬間、親方が投げかけるのは、先のお客さんへの質問とまったく同じです。しかし、このお客さんは淀みなく「ビールで」と返事をします。
おそらく、このお客さんは親方の質問を予期しており、最初から答えを用意していたのでしょう。語尾が伸びることも、親方の顔をうかがうこともなく、淡々と答える様子がそれを物語っていました。

例に挙げた二つのやりとりは、まったく異なる展開を見せますが、一つだけ同じところがあります。親方の第一声がつねに「お飲み物はどうしましょうか」であることです。
私が持つ大量のデータを確認したかぎり、どの鮨屋の親方であっても、客に対して最初に投げかけるのは、このひと言なのです。

いったいなぜなのか？

親方はこのひと言で、客をテストしています。説明などいっさいせず、なんでもないような顔をして、とても難しい質問をしています。

その答えを聞くことで、親方は客を見極めているのです。

「はい」と答えてはいけない！

さて、飲み物を注文すると、新たな質問が飛んできます。

「何かお切りしますか？」

気を利かせてくれたようにも思えるこの言葉ですが、実は新たなテストが開始した瞬間です。いったいどう答えるのが正解なのか、わかりますか？

調査したのは伝統的な鮨屋ですから、温かい料理は基本的にありません。ただ、お客さんはアルコールを注文したので、おつまみが欲しいはず。お店にあるのは鮨のタネだけ。鮨屋で出るつまみとは、タネを切ったお刺身が定番です。

つまり親方は、

「おつまみ、召し上がりますか？」

と聞いているのです。

この質問に対して多くの人は「はい」と答えます。たいていは○・二〜○・四秒ほどためらってから、「はい」と返事をします。ときには「少し」とつけ加える人もいます。

しかし、これでは親方は合格点をくれません。なぜなら続けて「何がいいですか？」と聞く手間がかかるからです。

「何がいいですか？」と聞かれても、たいていのお客さんは戸惑います。ここでちょっと動揺して○・五秒もポーズがあると、親方が「白身、生イカなんかありますよ」とヒントをくれるので、客はようやく答えが出せるのです。

こうして、つまみの注文に行き着くまでのやりとりを聞いても、さほど特別なものには感じられないかもしれません。ところが、年間二五〇回も高級鮨店で食事をするという鮨ツウに店に来てもらい、親方とのやりとりを調査させてもらったところ、彼らが驚きの受け答えをしていることがわかったのです。

例のごとく「何かお切りしますか」と親方が尋ねると、鮨ツウはなんと三七秒間、何も答えませんでした。そのあとで突然ひと言。

「……ちょっとだけ白身を切ってもらっていいですか」

と答えました。これは明らかに変です。受け答えの基本を踏まえるなら、「〇〇しますか？」と聞かれたら、「はい」か「いいえ」で答えるのが普通です。

しかし、ツウは普通には答えない。その**普通でない答えが、鮨屋の親方にとっては大正解**なのです。

イタリアン・レストランの意味不明なメニュー

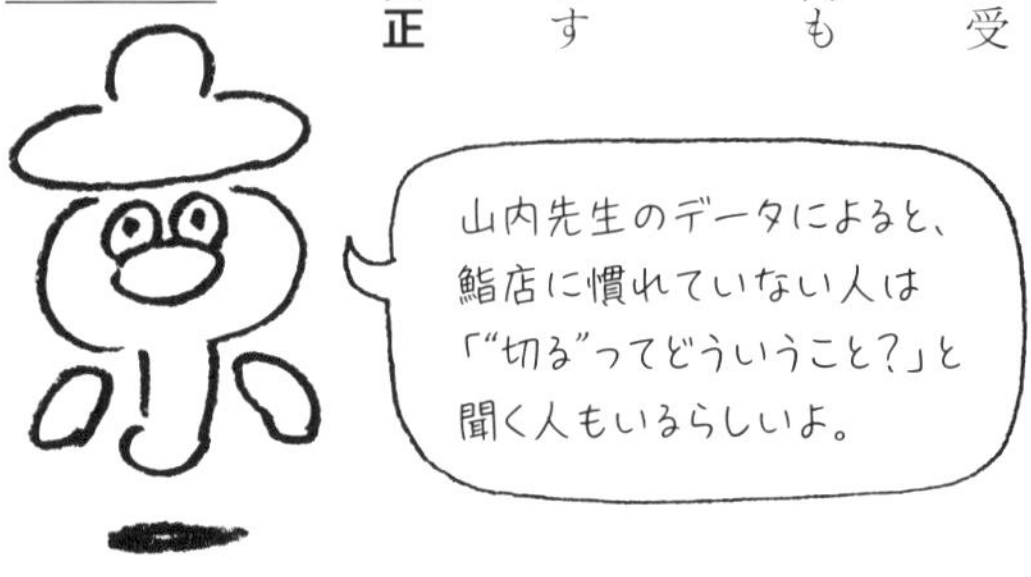
山内先生のデータによると、
鮨店に慣れていない人は
「“切る”ってどういうこと？」と
聞く人もいるらしいよ。

なぜ鮨屋のおやじは笑わないのでしょう。客を試すような質問をし、怖い顔をして鮨をにぎっているのでしょう。

先にご紹介した「すきやばし次郎」の店主・小野二郎さんが、ニコニコとお客さんを出迎えて、「私はいつもお客さんのために仕事をしたいんですよ」とほほ笑み、さっとメニューを差し出し、「今日はいいの入ってるんですよ。白身なんか最高です。おつまみにちょっと切りましょうか」なんて親切にすすめてくれるような、いわば当たり前のサービスを提供してくれる人だったとしたら、どうでしょう？

誰もが「すきやばし次郎」に大金をはたいてでも行きたいと思うでしょうか？

いいえ。私たちは、**鮨屋のおやじが頑固で無愛想だから、行きたくなる**のです。

客をちょっとたじろがせるサービスは、なにも高級店にかぎったことではありません。

以前、われわれが調査したカジュアルなイタリアンの店のことです。

席につき、メニューを開いて料理名を見たとき、いったいどんな料理があるのかさっぱりわからないのです。

「ピッツァ　サルシッチャピカンテ」だとか「メランザーネ」「トレフォルマッジ」「フンギエプロシュート」という料理名を見て、どんな具材がのったピザなのか理解できる人がどれほどいるでしょう。小さな字で説明をつけているのですが、客の立場からしてみれば、いちいちよくわからない料理名を言わなければならず、気が引けますし、不便きわまりない。

わざわざお客さんの知らない料理名をメニューにのせることに、どんな意味があるのでしょう。

考えてみれば、カフェ・チェーンの「スターバックス」のドリンクサイズが「ショート」だったり「トール」だったりすることもまた、おかしな話です。スターバックスはアメリカの企業ですから、お客の利便を考えるなら「スモール」「ラージ」でよさそうなものです。

さらに大きいサイズになると、「グランデ」「ベンティ」、アメリカの店舗にはもう一段階大きいサイズの「トレンタ」もありますが、これらにいたってはイタリア語です。日本人はもとよりアメリカ人にだってわけがわからないでしょう。

あえてわかりにくくするのは、なぜなのか。

実は、**サービスにおいて、提供者側が客を満足させようとすると、かえって客は満足し**

なくなるというパラドクス（逆説）が起こります。「満足させよう」とするサービス側の気持ちが透けてみえてしまうと、客は満足しないのです。同じように、相手を笑わせよう、信頼させようとすればするほど、客の気持ちは逆の方向へ向かってしまいます。

これを「弁証法」と呼びます。

もし鮨屋のおやじが、お客さんに笑顔で接し、喜ばせようとし、心を配って、満足させようとがんばったら、むしろ、提供者である鮨屋のおやじは客から「この人は私を喜ばせようとする意図を持っている」と受け止められます。

そこに生まれるのは、上下関係です。

提供者は従属する側――要するに立場が弱くなってしまいます。さらにいえば、**自分に従属する人からのサービスは、価値が低く感じられてしまう**ものです。

提供者側が満足させようとサービスすると、その満足はお客にとって意味がなくなってしまう。これは、サービスにおいて必ず発生する問題です。

その点、鮨屋のおやじは、職人として「自分のために仕事をしているんだ。客のことなんか関係ねえよ」という姿勢を貫くからこそ、客がその価値をありがたく認める図式ができあがっているのです。

同じく、カジュアルなイタリアンレストランも、スターバックスも、意味不明な言葉を

ヘーゲルの「弁証法」

ドイツの哲学者ヘーゲルが唱えた定義。ある一つの物事にはそれを否定する物事が含まれ、矛盾するものだということ。

メニュー表にちりばめることで、お客さんに対して「私たちのサービスはあなたにはわからないくらいすごいんだぞ」と主張しているのです。

だからみずからの価値が上がるのです。

客にマウントし、客を拒否するサービス

さて、ここまでご覧いただいたとおり、「客が喜ぶサービス」とは、必ずしもサービス提供者の愛想がよく、客のかゆいところに手が届くようなものを指すのではありません。

むしろ、私は**「サービスは闘いである」**と主張したいと思います。

その主張の背景に、この「弁証法」があります。先の項で「自分より立場が下の人からサービスされても、なんだかうれしくない」という趣旨を述べましたが、なぜそうなるのかをヘーゲルという哲学者の考え方を使って、さらに詳しく見ていきましょう。

一般的に、二人の人が出会ったとき、彼らはお互いに、相手が自分をどう見るかを気にします。相手に認められたい、承認されたいと思います。

認められたくて、自分がどれだけすごいのか、相手に証明しようとするのです。

しかし、「私はこれだけすごいんだぞ」と言ってしまうと、それは同時に、相手の言う「自分はこれだけすごいんだぞ」を否定してしまうことになるのです。相手を否定すれば、相手も自分を否定するでしょう。

ここに、水面下で生死を賭《と》した闘いが起こります。

闘いの末に一方が勝ち、**「主人」**となって、負けたほうは**「奴隷」**となります。

これがいわゆる上下関係で、奴隷は主人に完全従属します。このとき初めて主人は、相手からの完璧な承認を得ることができるのです。

ところが、その承認はすでに意味をなしません。なんだか「つまらなくなる」わけです。なぜなら、**自分に従属している人から承認されても、価値がない**からです。

同じことがサービスにおいても起こります。「サービスは闘いである」と言ったのは、人間関係の承認欲求のすれ違いの結果に起こる闘いと、まったく同じ経過をたどるからです。

「主人と奴隷の弁証法」から言えるのは、私たちが闘いを経てはじめて、自己を獲得しはじめるということ。ひいては、サービスにおいて客を否定する局面は、必ず必要だということです。

お客が受け身でどーんと座っているところに、手とり足とりかゆいところをかくサービ

何度も通いつめて
やっと頑固おやじから
「おう来たか」って言われると
うれしい。

スをするだけでは、お客を本当の意味でハッピーにできません。

「お客さん自身がどう振る舞い、どういう客になろうと努めるか」という要素が、サービスにおいては非常に重要です。

ですから、鮨屋のおやじは、「お飲み物はどうしましょうか」「何かお切りしますか」と聞くことで、サービスのあり方を突きつけます。

「ヒントを出さなくても難しい質問に答えられる客を相手にしているんですよ」

「われわれは、あなたが思っているよりも洗練されているんですよ」

さらに、「で、そんな素晴らしいサービスに対して、あなたはどういう客になるつもり？」と言外に挑発しています。

この水面下のメッセージを通して、おやじと客は対峙《たいじ》するわけです。

「ひねくれ」「逆張り」「非効率」上等

さらに親方の質問以外にも、鮨屋にはわかりにくい作法がたくさんあります。

たとえば、価格がわかりません。高級鮨店にメニュー表はなく、食後に一枚ペラッと渡

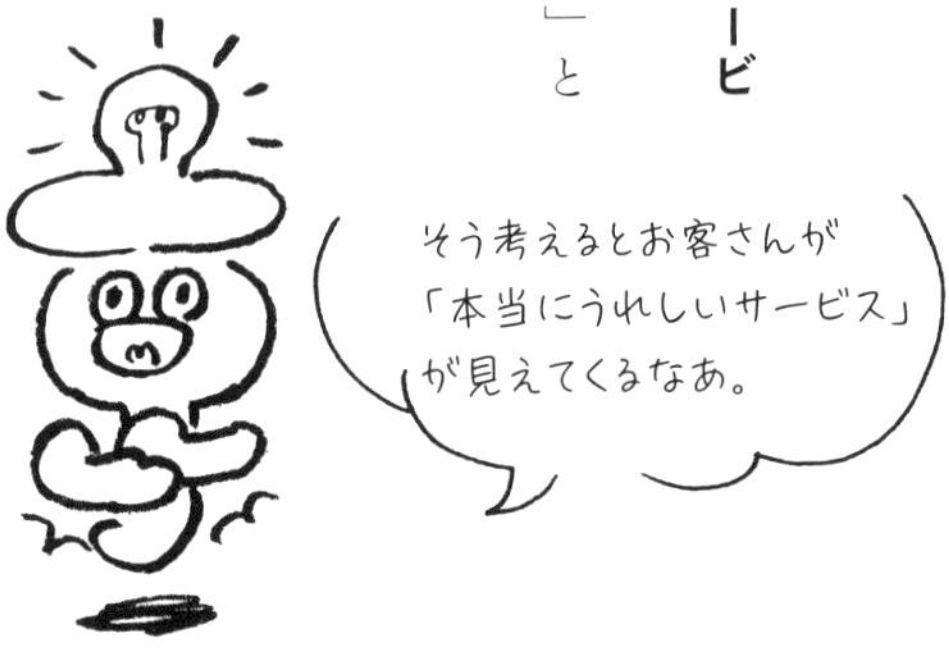
そう考えるとお客さんが
「本当にうれしいサービス」
が見えてくるなあ。

される紙に、金額がドンと書き込まれているだけです（冷や汗ものですね）。

他にも、「白身から食べなければいけない」「最後はかんぴょう巻きで終わらなければいけない」「江戸前ではサーモンを頼んではいけない」「手でつまんで食べるのが正しい」「醤油をごはん側につけてはいけない」「わさびは醤油入れで混ぜるのではなく、鮨にちょっとだけのせて食べる」「ひと口で食べる（半分だけ食べて鮨下駄に戻したりしない）」……などなど、ややこしい作法が目白押しです。

なぜ作法だらけなのでしょう？

それは、鮨というものを、わかりにくくするためです。

いったい「作法」とは何なのか。どうして、ややこしいのでしょう？

それは、「ややこしくなければいけない」からです。

ためしに、高級鮨店へ行って「鮨を食べるときの正しい順番は、白身、赤身、こってり、シメが巻き物だ」と、誰かに講釈を垂れてみてください。すると、鮨屋のおやじは、「いや、そんなことはない。自由に食べればいい」

と絶対に言います。あるいは、まわりにいる鮨ツウがそう言うかもしれません。そこで**「なるほど、自由でいいのか」とホッとしていたら、相手の思うツボ**です。

すでに作法は存在するのであり、自由でいいわけがありません。

作法はある。しかし「ある」というと、「ない」と言われてしまう。

これは「二重否定」なのです。**「作法」とは非常にややこしく、わからないことが大事なのです。ひと握りの人にしかわからないからこそ、作法に価値が生まれます。**

だから、「わかる」という人が出てきたら、わからなくなるように、その意見を否定しなければいけません。

誰もが「わかる」ことをやるのは「凡人」です。

しかし、誰もが「わからないこと」を、涼しい顔でできる人が「おぬし、やるな……」といわれる〝達人〟だということ。

作法は、そうやってつくられていくものなのです。


作法というと驚かれるのが、徳利《とっくり》の注ぎ方です。徳利には、鳥のクチバシのようにキュッと尖《とが》った、「こちらが注ぎ口ですよ」といわんばかりの形をした部分があります。左ページの図のAの部分です。ところが、作法としては、尖った部分の逆側、つまり、Bの部分から注ぐのが正しいのです。

徳利を上からのぞき込むとき、キュッと尖った部分が上になるように置くと、栗の実のような形になります。これは仏塔の上にある「宝珠《ほうじゅ》」の形を模しているといわれ、お酒を

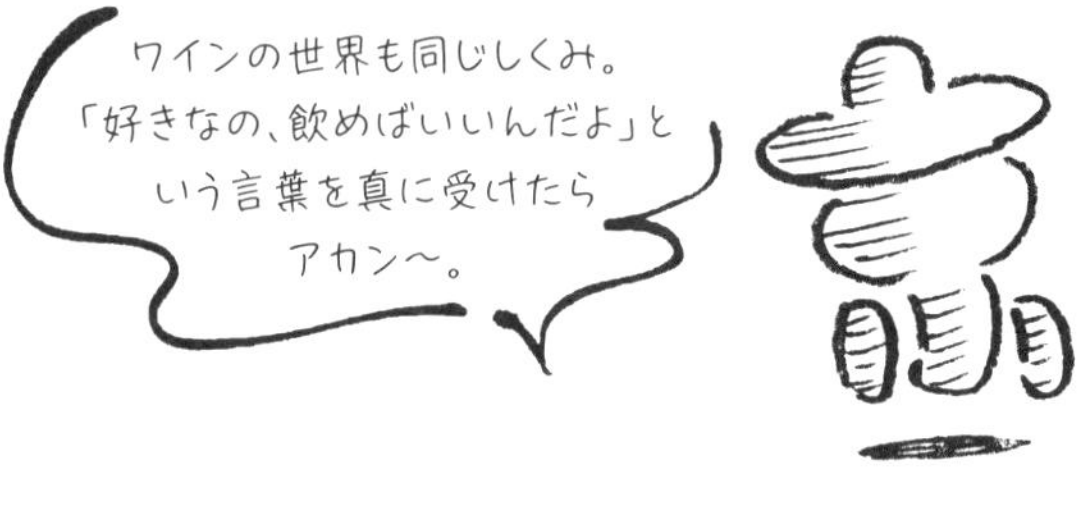
ワインの世界も同じしくみ。
「好きなの、飲めばいいんだよ」という言葉を真に受けたらアカン〜。

徳利の注ぎ口はどちらが正しい？

注ぐ相手にその形がきちんと見えるように、尖った部分を上にして注ぐのが正しいのだとか……。

お説はたしかにそうでしょう。しかし、そんなわけがないと思いませんか。形状を見るかぎり、合理的に考えれば、キュッと尖っている部分は注ぐためにつくられているとしか考えられない。そのほうが便利だし、無理がありません。

しかし「作法」は、そんなことはおかまいなしです。合理的なものはすべて排除するのが「作法」です。実は、**合理的で効率のいい物事の対極であろうとするのが「作法」**なのです。

その他大勢がやっていることを見ながら「私は違うんですよ。あなたたちは間違っていて、私のほうが正しいよ」と言いたがるのが「作法」。

そもそも、「合理的で効率がいい」という方向性をよしとするのは「労働」であり、「労働者」です。

一方、貴族的な人たちは、労働における価値にみずからの価値を見出《みいだ》しません（昔から働かなくても食べていけるのが上流の人たちです）から、むしろその逆をよしとし、「作法」とすることで、そこに価値を見出したわけです。

作法を生み出したあとで、もっともらしく合理的な説明がつけられることもあります。たとえば、「鮨を手で食べるのは鮨が柔らかいから」とか言いますが、こじつけに近いものを感じます。これはおそらく箸で食べることの逆張りで生み出された作法でしょう。

ここまで読み進められたみなさんは、作法のひねくれっぷりに「めんどくさ……」とあきれてしまったかもしれませんね。しかし、くり返しになりますが、ややこしく、わかりにくくすることで価値を生み出すことこそが「作法」の存在意義なのです。

人と人との間にあるもの

このように、お客さんも提供者も一緒に参加して、価値をつくっていくというのが、サービスの基本的なしくみです。つまり、「サービス」は一方的に与えられるものではなく、〝人と人との間にある〟ということ。

これを仮に**「相互主観性」**と呼びましょう。難しく感じる人もいるでしょうから、この言葉についてわかりやすく説明してみます。

サービスにおけるお客さんを「主体」、サービスそのものを「客体」と考えてください。この二つが分離している状態にあれば、お客さんはサービスという客体を見て、それがいいか悪いかを評価します。満足したかどうかは主観的な判断です。サービスの理論はすべてこの主体と客体を分ける「主客分離」の前提に立っています。

ところが、一方では**「サービスとは価値《かち》共創《きょうそう》である」**という考え方があります。これを前提とするなら、主体もまたサービスを一緒につくる側にあり、主体とサービスを分離することはできません。

つまり、サービスという客体の価値が問題になるとき、同時にサービスのつくり手である主体、要するに客自身の価値も問題にせざるをえないわけです。

言いかえるなら、**サービスが価値共創であるかぎり、主体自身がどういう人間であるかを主題化することは避けられない**のです。

神戸北野ホテルのオーナーシェフであるフレンチシェフの山口浩《やまぐちひろし》さんは、「エ・オ〈ベルナール・ロワゾー・スィニャテュール〉」という、先進的な料理を提供するレストランを経営されています。

山口さんによると、店にいらっしゃるお客さんは、「おいしい」と言わないようです。なぜなら、料理は「おいしい」と表現できる水準を超えているのです。それでもお客さんは「おいしい」という言葉しか見つけられない自分のことを、貶《おとし》めてしまうといいます。「おいしい」という言葉を発することで、素晴らしい料理に対して「おいしい」という月並みな表現しか見つからないことを恥じるのです。

また高級店の話になってしまいましたが、似たような例はごく身近でも起こります。たとえば、彼女に「女性向けのファッション雑誌を買ってきて」と頼まれた彼氏がいたとしましょう。彼がその雑誌を本屋のレジに置いた瞬間を想像してみてください。

その場には、微妙な空気が流れるでしょう。

店員はおそらく「この男性が、この女性向け雑誌を読むのだろうか」といぶかしく思い、また客である彼は「いや、これは俺のじゃなくて、彼女のなんですよ！」と心の中で叫んでいるはずです。スマホ片手に「今、買ってるよ」なんて彼女に報告しながらレジに立つことで、周囲に「俺のじゃないですよ」とアピールする人もいるかもしれません。

本一冊を買うやりとりの中にも、「客はどういう人なのか」という問題が必ず浮上してくるわけです。

サービスとお客さん、つまり客体と主体は分離できず、こうした現象が起こります。だからお客さんの価値が問題となります。「あなたはどんな客ですか？」と問われているのです。

したがって、サービスが価値共創であるかぎり、すべてのサービスには客を拒否し、値踏みする瞬間があって、それが〝闘い〟につながると考えます。

高級であればあるほど「サービス」は減る

さて、カジュアルなレストランやファストフード店であっても、お客を拒否するサービスを展開していることはすでに述べたとおりですが、一方で、サービスが高級になればなるほど、闘いの局面が増していくという現実もあります。

なぜなら、**高級になればなるほど、いわゆる「サービス」と呼ばれるものが提供されなくなっていく**からです。

減っていくのは「笑顔」であったり、「情報」であったり、「迅速《じんそく》さ」であったりします。

意外な感じがしますね？

もちろん、高級なサービスにまったく笑顔がないわけではありません。しかし、プロフェッショナルであるほど表情はキリリと引き締まり、むやみやたらと笑顔を向けたりはしない傾向があります。頼りがいや信頼感は高まる一方、親しみやすさという要素は確実に減っていきます。

また、情報量も確実に減ります。カジュアルなレストランのメニューには、「季節のおすすめ」の紹介があったり、「定番！」というアピールがあったり、料理の解説や写真が添えられていて、にぎやかです。

一方、高級なフレンチレストランで出てくるメニューには、料理名が並んでいるだけで、解説も何もありません。選択肢もそれほどない。とにかく情報量が少ないのです。

迅速さにも違いが出ます。

カジュアルなお店なら、席についてメニューを渡されたあと、「ご注文がお決まりのころにおうかがいします」といって店員は離れていくでしょう。

その後、店員は他の仕事をこなしつつも、客の様子をうかがい続け、客がメニューから視線を離してスマホをいじりはじめたり、窓の外を見始めたタイミングで、すぐさま注文をとりに向かいます。遅すぎても、早すぎても客に怒られます。

では、高級フレンチのレストランではどうでしょう？

私たちが調査した店では、客はテーブルに座らされたあと、一度引っ込んだ店員がまた出てくるのをひたすら待たされます。そこそこ待ったあと、再度訪れた店員は、ワインリストを渡してくると、「さあ、何を飲みますか。さっさとご注文をどうぞ」とばかりに、そのまま立って待っています。客はおちおちワインを選んでいられません。客をさんざん待たせる店員ですが、自分は待たないのです。

高級フレンチだと、
「ワインの知識あって当然」
みたいな雰囲気もあるし、
大変〜〜。

注文すると、またいなくなり、飲み物を持ってきたら、またいなくなる。ようやく、食事のメニューを携えてやってきたかと思えば、また「さあ、今すぐご注文をどうぞ」という体《てい》で、そこに立っているのです。

カジュアル店と高級店。詳しく分析してみると、これら二つのサービスは、真逆に組織化されていることがわかります。

にもかかわらず私たちは、提供されるものが少ない高級店のサービスを受けることで、十分に満足感を覚えるのです。

「おもてなし」が価値を失うとき

さて、これまでサービスについて述べてきたわけですが、このテーマを扱うからには、当然触れておきたいことがあります。

冒頭で言及した「おもてなし」のこと。

滝川クリステルさんは、東京オリンピック招致のプレゼンで「おもてなし（＝ホスピタリティ）とは、心のこもったサービスをして、お客さんの居心地をよくすることである」

という趣旨のことを述べています。

では、語源から見る「ホスピタリティ」とは何でしょう？

これはフランスの言語学者、エミール・バンヴェニストによると、ラテン語の「hospes（ホスペス）」がもとになっています。「hospes」は「hostis（ホスティス）」と「pets（ペッツ）」という二つの言葉が合わさったものです。

「hostis」は「見知らぬ者」の意味で、「敵意ある見知らぬ者」という意味である「hostilis（ホスティリス）」につながります。「pets」は「力を持つ」という意味です。つまり、二つを組み合わせた「hospes」は、

「敵意ある見知らぬ者に対して力を持つ」

という意味になり、言語的に考えるならば、これが「ホスピタリティ」の本来の意味であるはずです。

しかし、「敵意ある見知らぬ者に対して力を持つ」ことが、なぜ「おもてなし」なのかと、ピンと来ない人もいるでしょう。

ですが、文化人類学的に考えれば、当たり前のことなのです。

たとえば、一つの村があり、そこでおもてなしが行なわれるとしたら、それはどんなときだと思いますか。

エミール・バンヴェニスト（1902-1976）
言語と社会のかかわりについて多くの著作を残した。のちの思想家たちに大きな影響を与えた学者である。

村に誰か知らない人がやってきたときです。

知らない人がやってくる。それは村人にとっての脅威です。

どんな人か、どんな目的でやってきたかわかりません。敵意を持っていないともかぎらない。そんな「得体のしれない人」のおもてなしをするのは、理由があります。

それは、**権力を示すため**です。内心の恐怖を悟られないために、「怖がっていませんよ」と示すためのジェスチャーなのです。気前よく家を開放し、見知らぬ人を受け入れて、「自分は力を持っているのだよ」と示そうとします。

同時に村の中でも、みなが怖がっている人をあえて受け入れることで、「あの人はすごい」と評価してもらえます。それが「高貴である」ことの源泉になっていったわけです。

国内外の神話でも、神の使いが訪れ、それを歓待する様子が描かれることは少なくありませんせん。畏怖《いふ》の対象を招き入れてもてなすのは、恐怖を隠し、力を示し、評価を高めて、自分の価値をつくり出す手段なわけです。

こう考えていくと、「ホスピタリティ」が持つ本来の意味に、なんら違和感がないことがわかります。語源を踏まえて考えるなら、相手に対して親切にすることが、自分の力になるのです。逆に、親切を受けてばかりいれば、力を失うことになります。

ですから、**高貴な人たちは、提供する側であろうとする**のです。

ところで、誰かを家に招いて、おもてなしをするとき、

「自分の家にいるつもりで、ゆっくりくつろいでくださいね」

と、ついつい口走ってしまいませんか？

それはあくまで建前《たてまえ》であり、もてなす側の本音としては、本当にくつろがれては困ります。家でやっているように、ソファに寝転がり、テレビのリモコン片手にダラダラとし、冷蔵庫を漁《あさ》られては、たまったものではないでしょう。

結局のところ、みずからの家に、無条件に、他者を迎え入れることは不可能です。ジャック・デリダという哲学者はそのように説明します。

では、どんな条件が整えばいいのでしょうか。

第一に、自分の家を持ち、権力を持つこと。

第二に、招く相手の名前や素性を知っておくこと。

この状況が整わずして、ホスピタリティを提供することは不可能です。

さらに言えば、「見返りを求めないおもてなし」が美徳とされますが、これもまた、普通に考えればありえないことです。

たとえ、もてなした側が見返りを求めないつもりでも、もてなされた側は「やってもら

ジャック・デリダ（1930-2004）
「ポスト構造主義」と呼ばれる思想の代表的哲学者。既存のしくみ（＝構造）を批判的に考え、新しい意味を見出すという手法を用い、偉大な業績を残した。

った感」で心がいっぱいです。感謝や喜びと同時に、なんらかの負債を負ったような気にもなります。「何かお返しをしなくては」という結論にいたるのは自然なこと。もてなせば、相手が引け目を感じてお礼をしようと考えるだろうことを、ほとんどの人は理解しているでしょう。「もてなされた側」に立ち、「お返しせねば」と考えた経験は誰にでもあるからです。

そして、理解している時点で、「見返りを求めないおもてなし」「見返りを求めないホスピタリティ」があるという前提に立つことはできません。

おもてなしは、必ず経済的な循環の中にとり込まれているのです。

では、おもてなしにも、ホスピタリティにも、意味はないのでしょうか。

それは違うのです。

デリダは、「無条件なホスピタリティ」は不可能であるからこそ、非常に重要だと考えました。不可能だけれど、それをあえてやろうと本気で考える狂った瞬間が訪れることがあるからです。そのような狂気の行為が、むしろホスピタリティの価値を高めます。

当然ながら、**「見返りを求めていないように見える」という部分に値打ちがある**のです。「見返りを求めてやっている」とわかった瞬間に、そのホスピタリティは価値を失います。不可能だとわかっていても、もてなす側はあくまで見返りを求めないフリを貫き続ける必要があります。表立って利益を求めれば、それは決して手に入れられません。

ホスピタリティ、あるいは「おもてなし」という言葉を聞くと、一種ノスタルジックな感覚を覚えるのは、**経済合理性を裏切るホスピタリティは、現代社会において居場所が見つけづらい**からでしょう。

だからこそ、人びとは「おもてなし」を高く評価し、ブーム化しているのです。

「経済合理性」を裏切りまくる

今の時代、経済的に合理性のあるものは、一瞬で価値をなくしてしまいます。世の中には、ありとあらゆるものが提供され、サービスもまた豊富です。この状況下で「この人はお金が欲しいからサービスしてくれるのだ」とお客さんがチラとでも察したとき、そのサービスは一瞬にして価値を失います。

このような状況では、価値の源泉は、経済合理性を裏切ったところにしかないという矛盾があります。かくもホスピタリティは非常に〝めんどくさい〟、屈折した概念です。

この世の中、ありとあらゆるものが、市場に広範囲に流通すると価値を失います。iP

honeの新機種が登場すると一時的には話題になりますが、あっという間に忘れられ、世間はより新しいものへと興味を移します。

新しいものが次々と世に出てきては、出た瞬間に価値を失う――すべての商品が、この循環から抜け出せません。

サービスもまた、このサイクルに巻き込まれてもおかしくないのですが、抗《あらが》った結果として、経済合理性を裏切る方向で価値を生み出したといえます。

だから、鮨屋のおやじは怒っているのです。怒ってみせて、

「俺は金儲けには興味がないよ」

――そう知らしめたいがためのジェスチャーとしてのしかめっ面なのですね。

そもそも鮨屋だって商売ですから、仕入れもあれば、売上げもあり、店で働く人たちの生活もかかっています。お金を儲けないわけにはいきません。しかし、そう見えては一瞬で価値がなくなるから、いっさい興味がないフリをし、ニコリともせず、作法をかたくなに守っているわけです。

近ごろの企業がホスピタリティの概念をこれみよがしに掲げようとするのも、お金儲けのための意図的なやり方です。

本当に価値あるものは、
お金では
買えないのかもね〜。

従業員に対して、もっともらしい意味合いを持たせつつ「心のこもった接客をしなさい」と教え込み、実践させるのは、儲けるためです。

これらはいわば、ホスピタリティが資本主義に回収されてしまわんとする状況ですが、先にも述べたとおり、回収された瞬間、そのホスピタリティには価値がなくなる……。

そう考えると、この先「ホスピタリティ」は、いったいどうなっていくのでしょうか。まだまだ注目していかねばなりません。

間違いなくいえることは、これまでに述べたように「サービスは闘いである」ということです。**提供者側が一方的にお客さんを満足させよう、次から次へと顧客のニーズに応えて新商品を提供し、興味を引きつけよう、お客の好みに寄り添って「いいね」をもらおう——とするサービスのあり方は、すでに限界**にきています。

今まで思い込んでいた「おもてなし」の考え方からはみ出して、広い意味で、サービスを考えてもいいのではないか。

逆に、そうでなければ、新しい時代を生き残っていけないのではないか。

私は鮨屋のおやじのしかめっ面を見ては、そんなふうに思うのです。

KYOTO UNIVERSITY

山内先生の『常識を超える』ノート

▼サービスの価値とは、店と客が〝ともにつくり出す〟ものだ

▼客に媚びた接客をすることはみずからの価値を落とす

▼高級店ほど「サービス」の量は減っている

▼「おもてなし」は経済合理性と相容れない

▼鮨屋のおやじの〝仏頂面〟には理由がある

京大変人伝説

「変人の巣窟」に足を踏み入れて見えてきたこと

冒頭の山極寿一先生との対談にも登場しました越前屋俵太でございます。

もう何十年も前ですが、関西大学在学中にタレントデビューした僕も、今ではさまざまな大学で客員教授や特任教授として、「既存のものの見方、考え方にとらわれない思考方法」を教えるかたわら、京都大学では、この本のもとになった「京大変人講座」という公開講座のプロデュース・進行を務めています。「京大変人講座」とは、学問をありがたいと神棚に奉るのではなく、そのありがたみを実際に味わおう！　という講座です。

まあ、しかし、いくら京都大学のえらい先生方の話が、いくらありがたいからといって、難しい話をわかったふりをしてそのままスルーしても仕方がないので、僕が先生方と一緒に登壇し、意味がわからないところを先生方に突っ込んで、わかりやすく噛みくだく！という、いわば専門的な学問を一般に通訳する「サイエンス・トランスレーター」（僕が勝手につくった造語です）のようなことをしております。

そんな僕が聞いた京大の教授がいかに変人であるのかを物語るエピソード――題して「京大変人伝説」のご紹介です。

その1 ある教授の試験問題は、カンニングOK! 友だちと話し合いOK! 教室から出ていってもかまわない。**「どんなことをしてもいいから、解けるものなら解いてみろ!」**という問題だったらしい。カンニングはしてはいけない! なんて通常の大学が試験時に口を酸っぱくして言う次元ではなく、いかにも京都大学的な嫌味《いやみ》たっぷりな伝説です。

その2 ある教授が退職するので最終レポートの提出を学生たちにうながした。そのときの課題は「**クジラが魚類である理由を述べよ!**」だった。クジラは哺乳類だということはみんな知っている。しかもそのレポートの提出日に指定されていたのは、もう教授が退職して受けとることができない日だった。「常識を疑え!」しかも、それは私がいなくなっても永遠に疑い続けなさい! という教授のラストメッセージだった、と伝えられている。

その3 なにも京大の変人は教授だけではない。ドイツ語の試験で「辞書やノート、何を持ち込んでもかまわない!」と教授に言われたので、試験会場に「**知り合いのドイツ人」を持ち込んだ**学生がいた、という噂がある。

3

法哲学の教室

人間は〝おおざっぱ〟がちょうどいい

——安心、安全が人類を滅ぼす

人間・環境学研究科 教授 法哲学

那須《なす》耕介《こうすけ》

あれこれ考えるのは好きだけど、ガッコウは嫌い。
とにかく嫌い。いつでもどこでも10秒あれば寝られます。

「安心・安全」とはいったい何なのか

「安心・安全」

この言葉、最近あちらこちらで耳にしませんか。

行政のエラい人たちはみな口をそろえて言いますし、メディアでも、企業でも、学校でも、お父さんも、お母さんも、おじいちゃんも、おばあちゃんも、「安心・安全が大事！」と言っていらっしゃいます。災害が起きたとき、食中毒が発生したとき、痛ましい事件が起こったとき、「安心・安全はどうなっているのか」とみな怒り、嘆くものです。

でも、何度も何度も「安心・安全」を聞かされているうちに、私はだんだん疑いの気持ちが出てきてしまったんです。

私の専門分野は「法哲学」。世の中の法律やルールはどのようにして成り立っているのか、また、それは本当に正しいのか？　ということを常日ごろから考えるのが仕事です。ルールというのは、多種多様な人間が、社会生活をなるべく円滑に送れるようにするためのものです。だから、多くのみなさんが「食の〝安心〟と〝安全〟を守るために、しっかりとしたルールづくりを！」とおっしゃると、こんな疑問がわいてきてしまいます。

「いったい何が『安心・安全』なんだ？」

「安心」とは心が安らかになること。「安全」とは外的なものからの危険がないこと。言葉の意味はわかります。

でも、二つの言葉を一つにして「安心・安全」というとき、

「『安心・安全』のおかげで、なんだか変なことが起きているぞ」

ということに気づいたのです。

ところで先日、私はいい本に出会いました。料理研究家・土井《どい》善晴《よしはる》先生のご著書『一汁一菜でよいという提案』（グラフィック社）。本当に素晴らしく〝変な本〟なのです。

土井先生は料理の先生ですから、おいしい食材をふんだんに使って、手のこんだ料理をつくり、きれいに盛りつけてみせるのを仕事にされているはずですが、この本は、

「家で食べるごはんは、おいしくなくてよろしい」

「ワンパターンでいい。工夫なんかいらん」

という驚きの主張から始まります。「料理の先生として、それはどうなの？」と言いたくなる人もいるかもしれません。私はもう思考も嗜好《しこう》もおじいさんらしくなっていますか

『一汁一菜でよいという提案』

「ごはん＋具だくさんみそ汁＋漬物」のシンプルな食事スタイルを提唱し、ベストセラーに。

ら、「そんなぐらいが気楽でええわな」という気持ちがたしかにあって、読み進めていく

ほど、なるほどとうならされました。

詳細についてはぜひ本を読んでいただくとして、私が「安心・安全」という点から注目したのは、「家庭料理とはどんなものか」に言及されている部分で、

「食卓の上でいろんな会話をします」

という一文が出てきたときです。私の脳裏に、子どものころ、母と台所で交わした会話や、家族で囲んだ食卓の風景が思い起こされました。

たとえば、ある日、冷蔵庫の奥のほうから、しなびた野菜が出てきました。

「これ、ちょっとニオイすんで」

「それぐらい食べたって、どうもあらへん」

「いや、なんぼなんでも……」

すると、母はクンクンとニオイを嗅ぎました。こういうことはよくあって、

「あ、ホンマや。やめときや」

と、ポイと捨ててしまうこともあれば、

「これくらい食べられるわ」

と言われて食べたら、お腹をこわしたこともありました。つまり、我が家の食卓は「安

心・安全」とは言いがたかった。でも、私は母とのやりとりを通して、「食べられるもの」と「食べられないもの」を判断する方法を学ぶことができたのです。

素人判断ながら、「これくらいシナッとした葉っぱでも、まだ食べてもええんちゃうか」とわかるし、この判断はそこそこ当てになります。賞味期限などいちいち確認しませんが、食べ物が出てきたとき、とりあえずニオイを嗅いで確かめるクセもついているから、めったなものは口にせずにすみます。

しかし、今の世の中、

「ちょっとくらい腐ったものを食べたって、問題ない」

「賞味期限なんか、あんまり見てない」

なんて、おおっぴらには言いにくいものです。そう聞けば眉《まゆ》をしかめてしまう人がだんだん増えているような気がします。そして、私が「安心・安全」が声高に叫ばれるのを聞いて、うさんくささを感じる理由はここにあるのです。

自分で確かめて判断することを、放棄しているように思えるからです。

考えることをせず、ただ、かたくなに「賞味期限」を守り、少しでもしなびていたら捨てることを「安心・安全」と受け止めている。

私たちはいったいいつから、自分で考え、判断することをやめて、盲目的に法律やルールに従うことを「安心・安全」と認識するようになってしまったのでしょうか。

私たちは暴走を始めている

そもそも、「食の安心・安全」という耳にタコなこのフレーズは、いつごろから使われはじめたのでしょう。ひと昔前は「食の安全」という言われ方がよくされていました。

戦後まもなくの日本では、急速な経済成長とともに「水俣病」や「イタイイタイ病」といった公害の問題が起こりました。一九六八年には「カネミ油症事件」も起こります。

これらの問題に共通していたのは、食品に毒物が混入し、それを知らずに食べたことによって健康被害が引き起こされた点でした。

これをきっかけに「食の安全」に大きな関心が寄せられるようになっていったのです。当時の厚生省も、「食の安全」を守るために、食品を扱う際の衛生上の基準を設けたり、法律を制定したりと尽力しました。その甲斐あって私たちが今、〝安全な〟食物を購入したり、外食を楽しんだりできていることは間違いありません。

カネミ油症事件
「カネミ倉庫」が製造していた食用油にダイオキシンが含まれていたことから起こった食品公害。

しかし、一九九〇年代に入ってから、少し流れが変わってきました。「食の安全」という言葉に「安心」がつけ加えられるようになり、

「食の安心・安全」

と、セットで用いられるようになったのです。

おそらく、「食の安全」のための法整備も整い、食の衛生面に関する高い意識が世間に広く浸透して、食の安全性を信じ切っていたところに、いくつかの大きな食中毒事件が起きたことが、みなの不安を煽《あお》ったのではないでしょうか。

とくに二〇〇〇年に起きた「雪印集団食中毒事件」の衝撃は計りしれないものでした。どの家庭の冷蔵庫にもあったといっても過言ではない雪印の牛乳によって、大規模な食中毒被害が起こったのです。

雪印側の対応のまずさもあってメディアは連日にわたってこの話題を取り上げ大騒動になり、食品メーカーとして超一流企業であった雪印の商品でさえ「安心できない」という印象を世間に広めてしまいました。

国に対して、「食の安全をもっと厳しくチェックしてほしい」という国民からの要望が高まったのは、当然の結果だったでしょう。

雪印集団食中毒事件

雪印の幹部が記者に対して「私は寝てないんだよ!」と逆ギレし、火に油を注ぐ結果に。

しかし、ここから**「食の安心・安全」は妙な方向に暴走しはじめた**ようなのです。

そのいい例が、二〇一三年にとある食材偽造の問題が話題になったこと。ホテルやレストランのメニュー上では「芝エビ」として提供されていたエビが、実際には「バナメイエビ」だったというのです。この問題もメディアはこぞって取り上げ、報道は加熱し、世論は大いに批判的で、謝罪会見も行なわれました。これを皮切りにさまざまなホテルやレストランの料理にチェックが入り、多くの〝偽装〟が暴かれました。

この「偽装を許さない」という世間の流れに煽りを食ったかたちで、「おふくろの手作りの味」という看板を出していたとある店が、実際に料理をつくっていたのがおじさんだったことを非難されて、店側が謝罪する事態にまで発展したのです。

どうもおかしなことになっているようだと、私が最初に疑問を持った瞬間でした。

その後も、食品偽装の問題がたびたび取り沙汰《ざた》されるのはご存じのとおり。産地偽装など珍しくもないと感じます。国産だと信じて食べたうなぎが中国産だったと知って、

「『食の安心・安全』はどうなっているんだ！」

とみな怒るわけです。そんなとき、私は心の中で、小さな声で、つぶやきます。

「中国産やったら、ホンマにあかんのか？」

もちろん嘘はいけません。中国産を国産と偽ることで価格をつり上げ、不当な利益を得たことは責められるべきです。

しかし、それと「食の安心・安全」とは別問題。

なぜなら、中国産のうなぎは、日本産のものと同じくらいおいしいし、体にも害はないし、しかも安いのです。ほとんどの人は偽装を見抜けず「おいしい、おいしい」と食べたでしょう。体の不調を訴えた人がいたわけでもありません。

おいしく食べられたならいいじゃないか。

「安心・安全」なうなぎであったことに代わりないじゃないか。

私はそう言いたくなってしまうのです。

ルールを守っていれば「安心・安全」。ルールを守っていなければ「危険」。

世間にはびこるこの「常識」に直面するたびに、私はつい眉をしかめてしまいます。

昔はもうちょっと
テキトーやったけど、
どんどん厳しくなってる
気はするな……。

なぜか違和感がある3つの理由

世間一般に認識されている「安心・安全」に、なぜモヤッとした違和感があるのでしょうか。

これには、三つのポイントが考えられます。

1 「安心」と「安全」がいつもセットで扱われている

「安心」と「安全」。この二つはもともとまったく別のものであり、それぞれが大事な事柄なのですが、ひとくくりにしてしまうことでかえって問題が起こるのです。

ところが、キャッチフレーズとして耳に心地がいいばかりに、「安心・安全」という言葉が一組になって独り歩きしてしまっています。

2 人任せ、国任せにしてしまいがち

人が「安心・安全」というとき、その裏に、

「誰かに安全性を見極めてほしい」
「誰かに安心させてほしい」
といった「人任せな心情」がしばしば見え隠れしています。自分の安全をどう確保するか、自分の安心をどう保証してもらうかを考えたとき、仮に利益を得る側の魚屋さんが「このうなぎは国産だよ」と太鼓判を押したところで、やはり信用しがたい。そのため、何か問題が起こるとすぐに、「国は何をしているんだ」「行政がだらしないからだ」という話につながってしまいます。

すべての「安心・安全」は自分で確保すべき、などというつもりは毛頭ありませんが、国に丸投げして当然という認識もいただけません。人任せにすることで、問題がさらに増幅されてしまうという側面もあるからです。

3 キリがない

「安全の追求」をする時点でもちろんキリがないのですが、輪をかけてキリがないのが「安心の保証」です。「安心したい」という気持ちでもって「安心を確保しよう」とする活動は、歯止めがきかなくなります。

以上三つのポイントについて、それぞれ詳しく考えていくことにしましょう。

もともとお母ちゃんが
判断していたことが、
いつのまにか
国の仕事に……!?

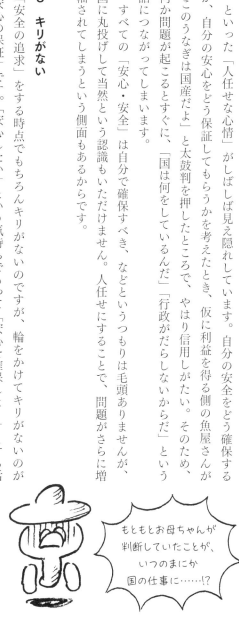

いつも〝セット扱い〟でいいのか？

私は常々疑問です。

「安心はホンマに安全なのか？」

「安全やったらホンマに安心なんか？」

いいえ、「安心」と「安全」はまったく別ものです。二つを一緒にしてしまうことがなぜ間違いなのかは、ちょっと考えればすぐにわかります。


まず、「安心はホンマに安全なのか？」。そんなわけはありません。

「安心」とは要するに、ホッとしているときのこと。すっかり気を抜いて、気楽にして、油断しているときです。気を抜いているのですから危ないに決まっています。無防備で、非常に危険な状態です。崖《がけ》っぷちに立ったままのほほんと気を抜いていたら落ちてしまいますよね。


「安心して！」というより、「気をつけなさい」と注意喚起するのが妥当でしょう。ところが、今の世の中は、まったく安全でない場所にいても「安心したい」という気持ちが非常に強くなっているのです。

そもそも「安全」とは、客観的に、ものの性質として、危険がない状態のこと。「この建物なら大地震にも耐えうる」「この車のブレーキはとても頑丈」などと保証されたときに当てはまる言葉で、完全に主観である「安心」とは本来まったく別ものです。

「安心は安全」と信じるのは、故障だらけの車を運転しているのに「絶対事故などしない」と思い込むようなもので、とても危険なのです。

次に、「安全やったらホンマに安心なんか？」。私は相当疑わしいと思います。

第一に、世の中に「絶対の安全」は存在しません。私はその道の専門家ではありませんが、「危険学」や「リスク管理学」を専門に扱っている先生方に聞いても、安全は一〇〇％には到達しないと言います。せいぜい六〇％ぐらいだそうです。

つまり、「安全」といわれているからといって、「安心」できるとはかぎらない。『絶対に安全』と保証されないかぎり安心できないのであれば、それは「絶対に安心できない」と言っているのと同じなのです。

第二に、これはあとにも詳しくお話ししますが、たとえ一つの「不安の種」を消すことができたとしても、それは無限に生まれてきます。将来を見通すことはできません。仮にありとあらゆる将来の出来事をあらかじめ見通せてしまうのであれば、定義上、未来はなくなってしまいます。未来は、わからないからこその「未来」です。

まだ実現していない事柄のうち少なくともいくつかは、絶対に見通せないものであり、予想もしなかったことが必ず未来には含まれます。その「見通せない未来」がもし自分を脅《おびや》かすものだとしたら……と考えると不安になります。しかし、そもそも不安とは正体がわからないものに対して抱くもの。正体がわかっているものに対して人が抱くマイナスの感情は「恐怖」です。

車が大破して今にも爆発しそうなときに感じるのは、漠然とした不安ではなく、明確な恐怖のはずです。一方、将来に何が待ち構えているかわからないという、得体のしれない状態に置かれているときに感じるのが、不安です。

そして「不安」は、人間が人間である以上、なくなりません。なくならないのだから、「安全を保証してもらえれば安心できる」という理屈は通用しないのです。

「安心・安全」が有害な嘘となる3パターン

安全は安心ではないし、安心は安全でない。それなのに「安心・安全」とひとくくりにしてしまうことを、私は非常に「有害な嘘」だと考えています。人畜無害な嘘とは言えません。

少し考えるだけでも、有害になりうる三つのパターンが挙げられます。

1　非常に危険な状態なのに、無理やり危険を見ない

学生によくあるパターンです。授業をサボりまくり試験が危ないのに、友だちの噂話だけを頼って「大丈夫。あの先生、楽勝で単位をくれるらしいよ」と無理やり自分に信じ込ませるのです。当たり前ですが、この学生はまさに落第の危機におちいっています。

客観的な「安全」が確保できていないのに、無理やり自分を安心させようとすると、非常に危険な結末を引き寄せてしまいかねません。当たり前のことですが、「安心・安全」がセットになっていると、両者の区別があいまいになってしまうのです。

2　安心できるまで安全を追求してしまう

先にも説明したように「絶対の安全」など存在しません。

日本のことわざに「石橋をたたいて渡る」という言葉がありますが、「絶対の安全」を追求することは、石橋をたたいて、たたいて、たたき潰《つぶ》してから、「安全ではなかった」と結論づけかねない行為です。要するに「絶対の安心」を確保するために、「絶対の安全」を確保しようとすることには、終わりがないのです。

まず、とにかく費用がかかります。安心したいがためにその代償を忘れてありとあらゆる手を尽くしてしまい、多方面に犠牲を強《し》いることになりかねません。

また、「絶対の安心」を手にしようとすることで、気がつかないうちにまったく別のところから大きな危険を招いてしまうこともあります。これについては、のちほど詳しく解説しましょう。

3　安心できないと、人に頼ってしまう

自分で自分のことを安心させられるならいいのですが、いつもうまくいくとはかぎりません。そんなとき、人は他人を頼るのです。誰かを頼ってアドバイスをもらおうとしたり、

信頼のおける人に「安心していいよ」「大丈夫だよ」と太鼓判を押してもらおうとしたりします。

人が自分の安心を誰かに保証してもらいたがるのは、珍しいことではありません。たとえば、占いなどの文化がいつまでも廃《すた》れないのがいい証拠です。悩みごとがあれば、当然のように家族や友人に相談してみようかと考えるのも同じことです。

もちろん、他人に相談することが一概に間違いだとはかぎりません。むしろ、相談を怠《おこた》ったせいで自分も他人も大損害を被《こうむ》る、ということもあるでしょう。ただ、自分の安心をすっかり他人任せにしてしまうとしたら、そこには大きな問題があると思うのです。

問題は〝丸投げ〟でいいのか？

「安全保障」という言葉には聞き覚えがあるでしょう。国、とくに近代国家にとって「安全保障」はもっとも重要な仕事です。全国民の安全を保障する、簡単に言いかえるなら、外敵から守り国内の治安を維持する「防衛」と「警察」は、どの国にも最低限なければならないものであり、これが欠ければ国家としての体《てい》をなしません。

私はそのことに異議を唱えるつもりはありませんが、万々歳というわけでもないのです。安全保障には大きな代償がともなうこともあり、その最たる例が戦争です。国が、国民の安全を保障するためという理由で、国民に対して「死んでくれ、財産を灰にしてくれ」と矛盾したことをお願いするのが戦争なのです。

戦争にかぎらず、国はしばしばこのロジックを利用します。国民の安全を保障するために、あえて危険を冒《おか》さなければいけないというのです。これについての意見はさまざまあるでしょうが、少なくとも言えるのは、**「代償をまったくともなわない安全保障国家などありえない」**ということ。これは大前提です。

さて、こうした「安全保障」が存在する一方で、**世界の長い歴史の中で、あるときから国が「安心保証国家」になっている実態がある、**というのが私の考えなのです。

「安心保証国家」などという言葉は、どんな歴史の教科書を紐解《ひもと》いても登場しません。私が勝手にそう呼んでいるだけです。でも、先を読み進めてもらえれば、かなり核心をついていると納得していただけるはずです。

一九世紀の終わりから二〇世紀初頭、とくに二度の大戦を経て、先進国、あるいは近代的な体制を整えている立憲主義国家は「福祉国家」となっていきました。

かつての近代国家の仕事は、国民の生命や自由、財産を守ることに特化し、「結果的に、のたれ死ぬ人がいても、国の責任じゃありません」という立場でした。

しかし、資本主義が発展し、産業革命によって大きな貧富の差が生じていく中で、国もさすがに「食べていけなくなっても個人の責任」とは言えなくなっていきます。そこで一転して、**生存そのものを脅かされている人を社会全体でケアしていこうとする方針に切り替えていった**のです。ここから、「福祉国家」としての国のあり方が始まりました。

そして、「福祉国家」におけるもっとも重要な任務の一つとして、しだいに存在感を大きくしていったのが「国民の幸せ」なのです。

そもそも「福祉国家」の元の言葉は、「welfare state＝ウェルフェア・ステート」。「welfare」とは「福利・幸福」とも訳される言葉です。これは単に、国民の財産を守る、あるいは肉体的な危険を防ぐだけではなく、まさに国民の「心の安心」とでもいうべきものに対して、政府が気を配ることを意味します。

現代のすべての先進国は多かれ少なかれ「福祉国家」として発展してきたのだが……。

「あなたは幸せですか？」などと国が尋ねてくれるわけではありません。ただ、国民の幸福を左右する「生活の質」全般を保障し、改善することもまた国の仕事だ、という考えに、誰も反対せず、政府も積極的に旗印に掲げるようになっていきました。一見とても結構なことのように思われるのですが、実はここに落とし穴があったのではないかと私は考えます。

勘違いしてほしくないのは、「福祉国家を今すぐやめるべきだ」とか、「福祉財源を削減しろ」などと言うつもりはまったくないのです。ただ、福祉国家であることを受け入れることによって、私たちがかなりの犠牲を払っているという事実だけは、きちんと理解しておくべきではないでしょうか。

「安心保証国家」のジレンマ

「福祉国家」が発達し、二〇世紀に入ったころから「専門家」と呼ばれる人たちの役割が大きくなってきました。専門家の役割の一つに、「安全かどうか」を確認することがあります。たとえば、「これを食べても大丈夫か」を判断したいとき、「まずは専門家に聞いてみましょう」という手順をとるのが当たり前になったのです。専門家は、一所懸命顕微鏡をのぞいて、そこで見えたものの一つひとつが人体にどういう影響を及ぼすかについてしっかりと調べた上で、安全かどうかを判定してくれます。

専門家が保証したことは、すなわち国が保証したということになり、人々はそこでようやく安心を得られる。福祉国家と専門家の両者によって、この公式が世の中に構築されていきました。「安心保証国家」の誕生です。

この公式に素人の居場所はありません。国民はものの安全性について自分の頭を使って考えることができなくなり、その代わりに国と専門家に保証してもらって、「だから安心」と受け止めるようになっていきました。

「安心」は幸せを支えるとても大事な要素の一つです。不安はいっぱい抱えているけれど、それはそれで幸せなのだといえる人はそういません。単純に考えれば、安心が保障されることで「国民の幸せ」もまた高まるはず。しかし、「安心保証国家」は同時に、さまざまなジレンマを抱えることになりました。

一つには、そもそも国の言っていること、あるいは専門家の言っていることに信用がおけるのかについて、誰がどうやって確かめればいいのか、わからなくなってしまったのです。専門家とは定義上、他の人が知らないことをものすごく詳しく知っている人のこと。そして、「安心保証国家」における「安全」は、その専門家に聞かなければ、判断できないものになってしまいました。その人が保証しなければ安全かどうかわからない、つまり安心できないという状況になったとき、次に問題となるのは当然、

「その人は信用できる人なのか？」

ということです。しかし、それをどう確かめればいいのでしょう？


たとえば、無愛想なお医者さんの前に座って、ものの数秒、口を開けさせられたり、胸の音を聴かれたりしただけで「あなた重病ですよ」と言われたら？

それが的確な診断なのかどうか、患者には判断できません。疑いを感じても、患者は医師でない以上、その疑いは確かめようがないのです。医学書を片っ端から開いたところで素人には限界があるし、それを突き詰めようものなら患者が医師になってしまいます。

セカンドオピニオンを求めて他の病院にかかる方法もありますが、そこでも納得いかなかったとしたら、いったいどうすればいいのでしょう？

専門家ではない人間は、何によって専門家を信用すればいいのか。この一文は「専門家」を「国」に入れ替えてもそのまま当てはまります。

安心を保証する国のことを、本当に信用していいのか。それをどう確かめればいいのか。国民はわからなくなってしまったのです。

わからず不安になっている人がいれば、そこにつけこむ人が出てきます。とくに「安心保証国家」となった国は、安全を保障するだけでなく、人びとを安心させねばなりません。先にも言ったように、安全であれば安心できるという保証はないし、「安心してください」というのが危険な場合さえあるのです。にもかかわらず、国は本来ならひとくくりにはできない「安心」と「安全」をひとまとめにしつつ、

「みなさん、安全は確保できました。事態は完璧に掌握できています。どうか安心してください」

と、盛大にごまかしました。これは嘘です。国は「国民の幸せ」のために、国民に嘘をつかざるをえなくなってしまいました。

国や専門家の仕事に、こうした一面があるのは確かです。ですが、**ときに安心させることを優先させるあまり、事実を歪《ゆが》めてまで「安全です」と発信し続けたり、あるいは「素人は黙っていろ」といわんばかりに居《い》丈高《たけだか》に振る舞う専門家が登場したりする**のです。

最近は、インターネットの
怪しげな情報を
まっさきに信用してしまう人も
増えてるもんなー。

どこまで行けば大丈夫なのか？

「カスケード」をご存じですか？　小さな段々が重なってできている滝のことをいいます。これにちなんで心理学では、情報が雪だるま式に大げさになっていく現象のことを「カスケード」と呼びます。このイメージが「不安」について考えるときにうってつけなのです。

私は忘れものとなくしものについては天才的で、これで人生の半分は損したと思うほど、年中何かを忘れ、なくします。いつもそうなので、まだ何も起こっていないうちから戦々恐々です。

玄関を出てしばらく歩くと、「ガスコンロ、消したっけ？」と不安になる。戻ってみると消してあってひと安心。再度家を出ると「カギ閉めたっけ？」と不安になってまた戻る……。気にしはじめるとまるでカスケードのように不安が重なっていきます。

一つひとつの不安は小さなものなのに、積み重なってみるみる大きくなり、「今日にかぎって泥棒が入るかもしれん」「火をつけられるかもしれん」「山賊みたいなヤツらが酒盛りを始めているかもしれん」などと、ありえない妄想までふくらむのです。

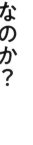

大げさなことを、と思いますか？　しかし、この「不安カスケード」が社会的な現象となって起こるのはよくあることで、たとえば先にも述べた「おじさんの料理を『おふくろの手作り味』と偽って出すのはけしからん」といった類《たぐい》のことまで、もっともらしい批判に聞こえてしまうようになるのです。

いったいなぜ、「不安カスケード」が引き起こされてしまうのか。

これには二つの要素が考えられます。

1　不安の「種」

不安の種とは、要するに「こんな悪いことが起きるのではないか」「こんな危険が起こるのではないか」といった、あなたを不安な気持ちにさせる原因です。

困ったことに、どういった不安の種に対しても「絶対にそんな悪いことは起きない」とは言えません。どこまで安心を追求しても、逃げ水のようにその距離は縮まらないもの。ひとたび不安になれば、むしろふくらんでしまうこともあります。

また、たいていの人は不安におちいったとき、これをなんとか自分の中で解消しようとして、「目立って気になること」ばかりを追いかけがちです。

大震災の直後には防災グッズが飛ぶように売れたり、地震保険に加入する人が増えたりするものです。みな不安に備えようと必死になるわけですが、よく考えれば私たちが日々直面しうる危険、つまり「不安の種」は一つや二つではありません。未来に起こるかもしれない大震災に気をとられているうちに、うしろで火がついているかもしれないし、水が押し寄せているかもしれないわけです。

一つひとつの不安の種は消えない。そして、一つの種を追いかけているうちに、別のところで他の不安の種が芽吹いているかもしれない。不安の種は無限です。一つを夢中になって追いかけていると、あっちからもこっちからもボコボコ出てきて、まるで「もぐらたたき」のような状態になってしまいます。

2 不安を育てる「畑」

ここまで、さんざんみなさんの不安を煽ってきましたが、実際のところ「今にも天井が落ちてくるかもしれない」「隕石が屋根を突き破るかもしれない」などという不安に常日ごろからビクビクしている人などいないはずです。不安はいろいろとあっても、適当なところで「まぁ、大丈夫でしょ」と妥協して生きるのが人間だからです。

しかし、一定の条件がそろって「畑」ができてしまうと、そこに根づいた「不安の種」はあっというまに芽吹き、成長していきます。不安を打ち消そうとする私たちに対して

「いや、それは心配すべきじゃないですか?」と煽ってくるのです。

人はたいてい不安の対象にばかり気をとられ、「なぜ自分がそれについてひどく不安になっているのか」をいちいち掘り下げようとはしません。しかし、その部分にこそ、不安がふくれ上がっていく理由が隠れています。

理由の一つは、何度もいうように「安心」と「安全」をひとくくりにしてしまう現状です。

人は本来「安全か危険かは半々ですね」と言われれば、納得することもあるくらい適当です。そうでなければ生きられません。しかし、**「安全じゃなければ安心じゃない」と国が言い、まわりが言う状況があり、みずからそう思い込んでしまうことで、かえって不安から逃れられなくなってしまいます。**

同じように「安心できてこそ安全なのだ」と思い込めば、不安を感じるほど「もっと安心させてほしい」と願うでしょう。しかし、完璧な安全など手に入らないのですから、いつまでたっても不安は消えないことになります。

こうして考えていくと、「不安カスケード」の土壌となっているものの一つに、先に挙げた「人任せ」の問題がかかわっていることがわかります。**「絶対に安全だと言ってほし**

い」「安心させてほしい」と要望してしまう時点で、ある意味負けなのです。専門家や国がそれを保証してくれたところで、自分ではその信憑性《しんぴょうせい》も、彼らの信頼性すら判断しようがなく、ただ無限に続く不安の中に突き落とされるだけだからです。

私たちはもうそろそろ、この事実に気づかなければいけません。

「気になること」「どうでもいいこと」の取捨選択

さて、ここまで私は「安心・安全」についての悲観的なお話をしてきました。やれ「不安は絶対になくならない」、やれ「絶対の安全はありえない」とたたみかけられてきたみなさんは、「いったいどうすればいいの?」と言いたくなるでしょう。

どうしたらいいのだろうかと、私も考えてみました。そこで思い浮かんだのは、私が数年前に大病を患《わずら》ったときのことです。

もともと病院とは縁遠い人間で健康には自信がありました。暴飲暴食することもあったし、突然夜更《ふ》かしをしたり、眠くなれば時刻にかかわらず寝るような不規則な生活もしていました。

大学の先生やお医者さんなどの
専門家でも断言できることは
本当に少ないのかも。

しかし、病気後はそれが一変したのです。妻にもよく言われます。

「あなたは病気をして立派になった。少なくとも自分の頭よりも、自分の体のほうがかしこいということを、よく理解してくれた」

健康のためにいいことをと考えるようになったのはもちろん、気ままな生活がしんどい年齢になってきたのだと自覚した面もありました。

また、病気によって身体的につらい経験をしたと同時に、より深刻だったのは精神的ショックです。健康に関しては自信満々だっただけに、「僕でもこんな病気するんやなぁ」という当たり前の事実を突きつけられ、「不安の種」に気づかされました。

あまり細かいことは気にしない性格で、よくない生活習慣があることを深く考えてはいなかったけれど、自分の体だけはごまかされてくれなかったのです。無病息災《そくさい》といいますが、私の場合は「一病息災」。一度ひどい目に遭ったことで、その経験を手がかりに、自分にとって一番大切なことは何か、逆にどうでもいいことは何なのか、それを知ることができました。

不安の種はなくなりません。無限に生まれます。不安を消すには多大なコストがかかるし、躍起《やっき》になるほど、たとえば「安全のためなら人類は滅んでもいい」「健康のためなら死んでもいい」などと、ひどく矛盾したことを言い出しかねません。

しかし、広く世間を見渡せば、そこまで極端な事態にはなっていないようです。何かが私たちにブレーキをかけています。それは、私たちが**「本当に気になること」と「どうでもいいこと」の取捨選択を自然にやっている**からです。

この事実こそ、「どうしたらいいのか」と頭を抱える私たちを救うカギなのです。

不安は、どこかで「ワクワク」につながっている

二〇一一年の東日本大震災と、震災によって引き起こされた福島第一原子力発電所の事故こそ、私が「安心・安全」について考えはじめたきっかけでした。それ以前には存在していた、政府やマスメディアに対する「嘘はつかないだろう」「情報を隠しはしないだろう」という信頼が、安全神話と一緒に完全に崩れ去ったのを目《ま》の当たりにしたからです。

とくに、原発事故に関しては、ありとあらゆる情報が飛び交いました。高名な先生が、したり顔で大嘘をつくのも見ましたし、逆にそれまであまり信頼できないと思っていた人の発する情報に感心させられたこともありました。

原発事故が起こったとき、率先して現場に乗り込み、事故現場で働く人々に密着取材を

行なったのは、いわゆる「イエロージャーナリズム」と呼ばれる、ふだんならひどくセンセーショナルな芸能スキャンダルを取り上げて眉をひそめられるような仕事をしていた人たちでした。

同じころ大手マスメディアが何をしていたかといえば、記者たちの健康を守るためにという理由で「危険な場所には行かないようにしよう」という協定を結び、避難所への電話取材で情報を集めようとしていたのです。

この事実を知って、私は非常にショックであったと同時に、「そういうことか」と目が覚めた思いがしました。

危ない経験をする。苦しい経験をする。それは私たちの「資源」です。この経験を手がかりに「では、どうすればいいのか？」と考えることができます。それが、取捨選択を見極めるためのアンテナをより鋭くしていくのです。

不安の種はなくなりません。しかし、本来私たちの中には、本当に心配すべきことは何か、追求すべき安全は何なのか、自分の経験を踏まえて考え、振り分けて、選択する力があります。

冒頭で紹介した土井善晴先生の本には、こんな一節がありました。

「台所の安心は、心の底にある揺るぎない平和です。お料理をつくってもらったという子どもの経験は、身体の中に安定して存在する『安心』となります」

毎日の暮らしは、人から教えてもらわなくても何に安心し、何に不安を感じるべきかを見抜く力を育てる土壌になりうる、ということだと思います。その力を使わずに、「安心・安全」に慣らされた結果、何か問題が起こると「全部、国にお任せしよう」という方向へ向かってしまうクセがついてしまっているのは、嘆かわしいことです。

今、何が一番危険なのか。何が一番不安なのか。どの不安を解消しなくてはいけないのか。すべての判断を国に委《ゆだ》ねようとするのではなく、**自分の感覚を信じ、育てることを、もう少し大事にしてもいい**のではないでしょうか。

それに、不安は悪いほうにばかり転がるものでもありません。

先行きがわからなければ不安になり、何が起こるかわからずドキドキするでしょう。しかし「ドキドキ」は、場合によっては「ワクワク」する胸の高鳴りへとつながっていくこともありますよね。根は一緒なのです。

先がわからず、物事があっちに転んだり、こっちに転んだり振り回されることもあるけ

「よくわからないこと」でも
飛び込んでいく勇気が大切！

れど、必ずしもそれが悪い結果になるとはかぎりません。ときには、おもしろく、楽しくて、ワクワクする方向に向かっていくことだってあります。それを知っていれば、たとえ不安の種が心の中で芽吹きそうになっても不必要に悲観的にならずにすみます。

人間は不安です。不安だから予測して、前もって計画を立てようとします。計画どおりにしたがるのは、そうでなければ安心できないからです。でも、たいていは予想どおり、計画どおりにはいきません。そのとき、みずからの安心のために、無理にでもそのまま押し通そうとするほど、物事は間違った方向へ進みはじめるはずです。

私たちが考えるべきは、**未来が予測と違う方向へ転がりはじめたとき、起きたことをどう受け止めるか**についてです。

予測と違う現実になったことへの不安を受け入れた瞬間に、それがおもしろく楽しいものに転じる可能性が生まれてくることを、忘れないでください。

KYOTO UNIVERSITY

那須先生の『常識を超える』ノート

- ▼〝国や企業に丸投げ思考〟は、かえって危ないのでやめておこう
- ▼法律をバカ正直に守るのが〝善〟ではない
- ▼「本当に心配すべきこと」を選ぶ目を持つ
- ▼不安とともに生きていく「耐性」こそがワクワクしながら生きるための秘《ひ》訣《けつ》

4

社会デザインの教室

なぜ、遠足のおやつは〝300円以内〟なのか

――人は「不便」じゃないと萌えない

情報学研究科 特定教授 システム工学
川上浩司《かわかみひろし》

不便を楽しむため、「スマホを持たない生活」を実践中。
自転車に乗ってフラフラ探検するのが好き。

「甘栗むいちゃいました」と「ねるねるねるね」

不便より、便利なほうがいい。それが世の中の常識です。それに、今ある多くの科学技術は、不便をなくそうという試みから発展してきたといっても過言ではないでしょう。

一方、私が学者として探し求めているのは「不便の益《えき》」です。要するに**「不便だからこそいいこと、うれしいこと」**を探すことをライフワークとしています。

「不便だからいいこと」といっても、「そんなの、あるのかな?」と、読者のみなさんの中には首をかしげた方もいらっしゃるかもしれませんね。

われわれ工学系の人間は、とにかくなんでも「定義」したがります。ですから、まずは「便利」と「不便」ということがどういう意味なのか、定義してみたいと思います。

「不便」とは、「手間がかかったり、頭を使わなくてはいけないこと」とします。

そうすると、その対極にある「便利」とは、「手間がかからず、頭を使わずにすむこと」と定義できるのです。そして、工学部出身者として、以前は「便利で豊かな社会をつくることこそ、自分たちの使命である」と信じていました。

ズバリ「不便」と「便利」の定義をわかりやすく説明するのに最適なものを一つ挙げるとするなら、「甘栗むいちゃいました」というお菓子がうってつけです。

商品名どおり、むいた甘栗がパッキングされています。甘栗が大好きな人も皮をむくのは手間ですから、とても便利なのは間違いありません。

案の上、この商品は甘栗業界（？）の世紀のイノベーションとして、大ヒット。今もみんなに愛される定番品になっていますね。

ちなみに、「甘栗むいちゃいました」を世に送り出したクラシエというメーカー、実は「ねるねるねるね」という子ども向けのお菓子も販売しています。

「ねるねるねるね」に入っているのは粉だけ。それらを付属の容器に出して水でよく練ることで、ようやく食べられます。お菓子づくりの過程の最後のひと手間をユーザーに任せてしまうのですから、ひどく「不便」な商品と言わざるをえません。

しかし、不便さにもかかわらず、ひと手間かけるのが楽しいからこそ、「ねるねるねるね」は子どもたちに大人気。ロングセラー商品となっています。

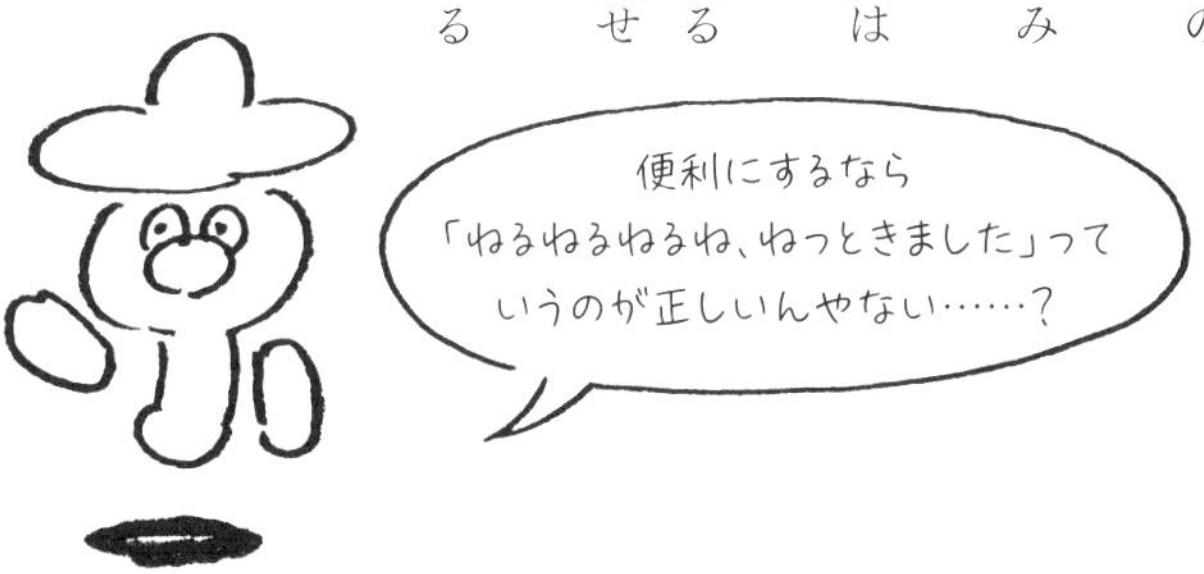

便利にするなら
「ねるねるねるね、ねっときました」って
いうのが正しいんやない……？

便利な社会は、豊かな社会？

不便なのに、面倒くさいのに人気がある。世の中を探せば、そういうものは意外とあります。

最近、登山やトレッキングを趣味にする人が多くなりました。「登山」を先ほどの「便利・不便」の定義から考えると、まさしく不便です。体力も時間もお金もかかるし、頭も使わなくては安全に登れません。

この不便を工学的にどう解決するか。

私なら「富士山エスカレーター」を開発します。乗れば汗をかくことなく山頂へ一直線です。改良を重ねれば五合目から二〇分くらいで行けるようになるかもしれません。

いいでしょう？　便利でしょう？　これこそ豊かな社会でしょう？

……少々、皮肉めいた言い方になってしまいました。そんなわけがありません。こんな「便利さ」はうれしくないはずです。余計なお世話でしょう。**自分の足と頭を使って、汗**

水垂らして登るという不便さこそ、登山の醍醐味《だいごみ》だからです。

二〇〇八年北京オリンピックで話題になった「レーザー・レーサー」。この水着を着るだけで水泳のタイムが縮まるという、まさに便利グッズであり、実際にこの水着を着た選手が次々に新記録をたたき出しました。

しかし、考えてみてください。人の力ではなく、その水着を着るかどうかがタイムを左右する――そんな便利な水着が、本当に選手に喜ばれたのでしょうか。どこか腑《ふ》に落ちない製品であったに違いありません。

「売れなくなった」といわれて久しい自動車も、日々進化しています。

最近は、低速走行中、衝突しそうになると自動でブレーキがかかる機能を、どのメーカーも多くの車種で標準装備するようになりました。

「運転なんてしんどいこと、機械がやってくれますよ」というのがアピールポイントの、便利な完全自動運転が実現する日も、そう遠くない未来にやってくるかもしれません。

一方で、日本の自動車メーカー「マツダ」は、「Be a driver.（駆《か》る者たれ）」をキャッチコピーとしています。「車を自分で駆ることができる喜びを捨てるの……？」ドライバーたちにそう問いかけているのです。ちなみに、衝突被害軽減ブレーキの性能は日本トップクラスなのに、です。

こうして、さまざまな世界の動きを見ていくと、私は思わずにはいられません。

ただ「便利」だけを追求することが、本当に豊かな社会に通じているのでしょうか。

便利さとともに失われていったこと

単純に「便利」を追い求めていいのだろうか？

その疑問は、「便利を追求すべき」と教えられてきた工学部の人間を、路頭に迷わせます。だから、こう考えました。

「もし世の中に〝不便でいいこと〟があったら、それの使い方を研究すればいい！」逆転の発想です。

私が「不便でいいこと」の研究を始めたのは前世紀のことですが、そのころ、車のキー

意外にも
ヨーロッパではまだまだ
マニュアル車が人気なのも
理由がありそう！

は大半が〝差してねじる式〟でした。

当時、ある学生が、彼女とドライブに行くのに自分のポンコツ車では恥ずかしいと、父親の新車を借りたそうです。最新式の車でかっこいいところを見せたかったらしく、目的地に着いたときわざわざ少し離れてからリモコンキーを押して、車のカギを閉めてみせました。

リモコンキーを押すと、「カギが閉まりましたよ」という合図にハザードランプがチカチカします。しかし、機械系を専攻していたその学生は、「制御の組み方によっては、ハザードが光っても、カギがかかっていないことがあるぞ」と思いいたりました。気づいてしまうと不安になり、彼は一度車に戻ってドアノブをガチャガチャ引っ張り、カギがかかっているか確かめたといいます。

この話を聞いてから、私もリモートでカギを閉めても、最後にはノブをガチャガチャさせて確認するクセがついてしまいました。

ところがです。先日、私の息子が新車を買ったというので乗せてもらったのですが、近ごろの新しいインテリジェント・ロックはさらに進化していて、カギを持っている人が近づくだけでロックを外してくれます。つまり、カギがかかっているかを確認するためにノブをガチャガチャしているのに、勝手にロックが外れてしまうのです。

〝差してねじる〟のは、ボタンを押すのに比べればたしかに手間で不便です。でも、カギをねじったとき手にかかる反作用と、運転席、助手席、後部座席の四カ所から聞こえる〝ガシャン〟という音によって、機械じかけがきちんと作動したことが明確にわかるという利点もありました。

ハザードランプを点滅させるという、恣意《しい》的につくり込んだ約束ごとではなく、物理現象を通してカギがかかったことを確認できる。その安心感が心地よかったのに、不便解消の名目のもと、それらは失われてしまったのです。

チャンスと工夫を生み出すしくみ

さて、ここまでは「モノ」にまつわる不便を見てきましたが、不便な「コト」もあります。

原付きバイクで通学していたある学生が、バイクが故障してしまったので、修理期間中は自転車通学をすることになりました。すると、バイクに乗っているときはただ流れていくだけの風景が、自転車から見るとよく目に留まるようになり、その結果、お気に入りの定食屋さんが一つ増えたのだそうです。

バイクに比べれば、スピードが出ない上に疲労する自転車は不便でしょう。しかし、不便な自転車に乗らなければ気づけないこともあったわけです。

こんなこともありました。ある学生が、ひと月ほどバックパッカーとしてヨーロッパを旅行したそうです。泊まったのは一泊三〇〇〇円ほどの安宿で、部屋は狭く設備も整ってはいません。テレビはロビーにある一台を宿泊客でシェアするしかなく、慣れない英語でチャンネル争いをしなければならなかったそうです。

ある夜、サッカーのワールドカップの日本戦が行なわれる日、彼はあの手この手を駆使してチャンネル権をからくも手にし、試合を見ることができました。すると、日本人とは思えない人たちが、同じ試合を見ながら隣で盛り上がっていました。もしやと思って話しかけてみると、やはり日本の対戦国から来た旅行客だったそうです。

彼らと一緒に試合を見て盛り上がり、その後連絡先を交換して、帰国してからもメールをやりとりする関係になったのだと言います。

この二つのエピソードが物語るのは、**「不便」によって彼らがなにがしかのチャンスを手にしている**ことです。「不便」とは、一般的には、なんらかの可能性を減じてしまうイメージがありますが、学生たちは、不便な自転車通学や、不便な宿を選んだことで、新しいお店や友人に出会うチャンスを手にしたのです。

さらにいえば、彼らは**不便だったからこそ、能動的に行動を起こしています**。目に留まったお店にわざわざ立ち寄ってみたり、見知らぬ人に慣れない外国語で話しかけてみたりと工夫することでチャンスをつくり出しています。

「便利」には、それがありません。ボタンを押したら、終わり。あとは全自動でことがすみ、ユーザー側の工夫を許してくれないのです。

一方で、「不便」は、私たちの**自発的な工夫やチャレンジを許してくれる、度量の広さ**を持っているといえるでしょう。

〝300円〟という絶妙なウキウキ気分

もし、不便さによって利益を得ている「三大事例」を挙げるとしたら必ずその一つに入れたいのが、「遠足のおやつ」です。子どものころ、学校で遠足に行くことになったとき、

「おやつは三〇〇円までですよ」

などと先生からクギを刺されたでしょう。この「三〇〇円」という制約があるからこそ、子どもたちの遠足への期待度は、いや増すのです。もし、

「いくらでも好きなだけ買ってきていいよ」

と言われたら、その瞬間は子どもたちも大喜びするでしょう。しかし、どのお菓子にしようかスーパーで悩みに悩んで選ぶことも、選《え》りすぐりのお菓子たちをワクワクしながらリュックに詰め込む楽しさも、味わえなくなってしまいます。

つまり、「三〇〇円」という不便な制約によって、遠足のおやつは子どもにとって特別なもの、楽しい思い出になりうるのです。

制約は「不便」です。しかし、その不便さには、**ものの価値を上げ、モチベーションを上げる性質**があるようです。

一九九〇年代から二〇〇〇年代にかけて、「就職の超氷河期」といわれた時期、学生たちは毎日足を棒にして企業を回っては、がっくり肩を落として帰ってきたものでした。そ

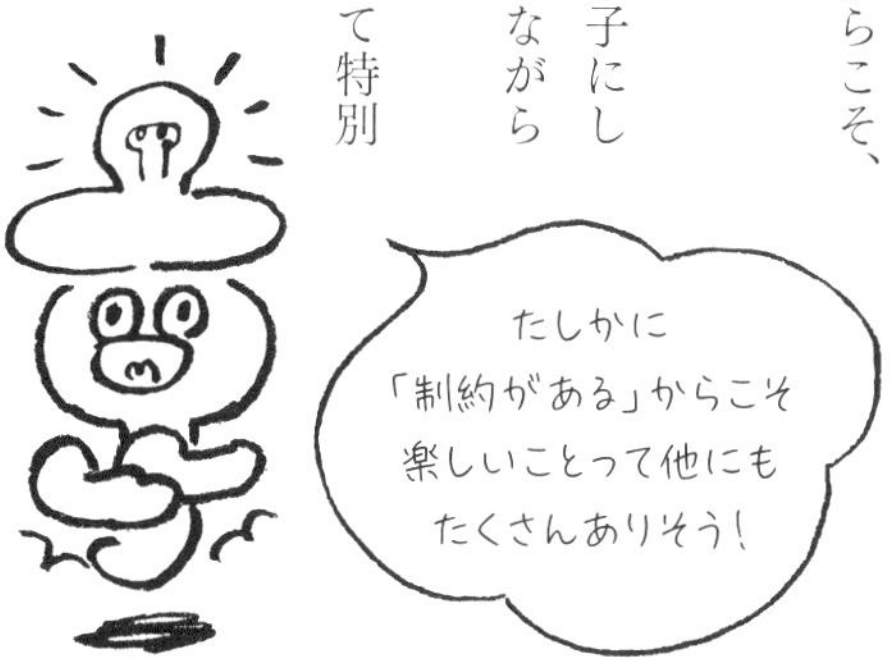
たしかに
「制約がある」からこそ
楽しいことって他にも
たくさんありそう！

んな中、ある学生が、外資系企業の内定を次から次に決めてきたのです。学業の成績でみればそれほどでもなかった彼に「何をやったんや？」と聞いてみると、ひと言。

「新聞をとるのをやめました」

それまで新聞は、下宿で寝ている間に勝手に配達されるものであり、料金も引き落としで知らぬ間に払われていました。それをやめて、毎朝コンビニに行き、現金を払って買うようにしたそうです。

彼は毎朝の労力とお金をムダにしたくないという思いから、それまで以上に新聞をじっくり読むようになり、いつのまにか時事にかなり詳しくなったのです。面接で何を質問されても動じない自信もつきました。それが就職活動を超勝ち組で乗り切ったコツだったのです。

成功例は枚挙にいとまがない

さて、ここまでいくつかの事例を挙げて「不便」について考えてきました。私はこうした事例を一〇〇件以上集めた上で、**「不便によってもたらされる利益＝不便益」**について

大学の授業も1回3000円とか、
そのつど現金払いにしたら
みんなもっと真剣に聴くかも……？

解析し、次のようにまとめました。

◎可視性が高くなる
◎気づきや出会いの機会をくれる
◎能動的に工夫させてくれる余地がある
◎モチベーションが上がる

ただ、本書で説明してきたような事例を並べると、次のように言われてしまうことがあります。

「これって、単なるポジティブ・シンキングじゃないですか?」
「ノスタルジーですね」
「結局は精神論ですか」

たしかに誤解されそうです。ですから、「そうではない」とわかっていただくために、〝あえて不便にする〟ことを実践しているもの――私が勝手に「不便益認定」した事例をご紹介してみたいと思います。

＊歩いていけない旅館「星のや京都」

京都嵐山にある星野リゾートの旅館「星のや京都」は、まわりをぐるりと山と川に囲まれているため、歩いていくことができません。非常に不便な立地です。遠くの対岸から出ている渡し船に乗って向かわなければ宿にたどり着けず、さながら秘境です。

行きにくいし、行き方を知らなければ行けない。だからこそ人気を博しています。

＊バリアアリーを実践「夢のみずうみ村」

超高齢化社会の昨今、「バリアフリー（バリアなし）」をうたう施設が増えていますが、あえて「バリアアリー（バリアあり……ダジャレですね）」を実践しているデイサービスセンターがあります。山口県にある「夢のみずうみ村」です。

バリアとは、たとえば階段や段差、手すりのない廊下など、高齢者にとって「不便」だと思われるものです。バリアフリーの考え方では「つまずくと危ないから」という理由で段差をなくすのですが、バリアアリーはあえて設《しつら》えます。

なぜならバリアによって、足を上げ下げするという動きが生活に組み込まれることになり、それがいい運動となって体が衰えるスピードが低減するからです。

障害物に色や模様をつけて見えやすくしたり、熟練のスタッフがそばにつくことで、安全性を確保します。

お世話をするスタッフの育成が難しく時間がかかるため、このバリアアリーの考え方を実践している施設は国内にもまだ少なく、入居希望者が殺到するも順番待ちになっているそうです。

つまり、不便なバリアがあることを有益だと考えるご家族が、たくさんいらっしゃるということです。

＊足でこぐ車椅子「COGY（コギー）」

車椅子は、足が不自由な人のための移動手段です。しかし「COGY」は、自分の足でこぐ車椅子。使用者の事情と用途を考えれば矛盾しているようですが、実は車椅子のユーザーには、片足だけは動く人や、足は動くけれど力が弱まってバランスがとりにくいために使用している人など、足を動かせる人も少なくありません。

動く足を動かさずに楽して移動するよりも、少し大変でも動く足を使って移動するほうが、人は喜びを感じるといいます。手間もかかり、負担があっても、自分の力でできることの喜びが勝るのです。

＊デコボコ園庭

幼い子どもたちが集う幼稚園や保育園の園庭は、ほとんどの場合、平らに開けています。しかし、東京都立川市にある「ふじようちえん」の園庭は、あえてデコボコにつくられています。ウェブで検索してみると、他にも東京都西多摩郡の「大久野幼稚園」や、栃木県の「陽だまり保育園」などデコボコ園庭は多数。

子どもたちがケガせず、容易に移動できるようにと考えるなら、平らなほうが便利なのは間違いありません。しかし、園庭にいる子どもたちは移動したいわけではなく、遊びたいのです。楽しみたいのです。

それに、平らな地面でかけっこをすれば、勝つのは足の速い子でしょう。でも、デコボコの園庭での勝負なら、作戦の立てようによっては、足の遅い子が勝つかもしれません。走っているうちに、かけっこ以外の遊びを思いつくことだってあるでしょう。

移動には不便だけれども、その不便さが子どもたちのモチベーションを上げるのです。不便さが「自分でやってみよう」という挑戦の余地を与えてくれるという、いい例ではないでしょうか。

＊セル生産方式

工業的な話になりますが、製品の生産方式といえば〝ライン生産方式〟が有名ですが、その他にも〝セル生産方式〟があります。

つくる側の立場に立って考えれば、便利なのは圧倒的に前者です。ベルトコンベアで流れてくるものに、キュッとネジを締めるだけ、もしくはパカッと部品をはめるだけで仕事は完結。各作業員の負担は少なく、最小限のスキルがあれば仕事ができます。

ところが、数十年前から、不便なはずの〝セル生産方式〟を導入するメーカーが相次ぎました。「セル」と呼ばれる個別の場所に部品が置いてあり、一人または少人数のつくり手がその場で組み立てる方法です。究極的には、一人ですべてを組み立てることもあります。各作業員に求められるスキルも、手間も、〝ライン生産方式〟と比べれば段違いに上がります。

その不便さを受け入れてでも〝セル生産方式〟を選択することについて、メーカー側は「多品種少量生産に対応する柔軟性を高めるため」と、もっともらしく答えます。しかし、私が思うに、より重要な理由があるのです。

セル生産方式は、
キヤノンやトヨタ、ダイハツなど
さまざまなメーカーで
採用されてきたよ！

それは、そこで働く人たちの気持ちにかかわる問題でしょう。

ある一つのネジをきれいに締めるエキスパートであることもすごいことですが、比べてみると、**複雑な複合機、一台の自動車を、自分ひとりで組み立てられることへの自信や、誇りや、成し遂げたときの達成感のほうが、ずっとずっと勝る**からです。

不便をあえてとり入れることで、作業員のモチベーションが上がるだけでなく、スキルも向上し、それがさらなるモチベーションアップにつながっていく。この相乗効果が生まれるしくみが〝セル生産方式〟であり、まさに「不便益」の代表例といえます。

「自動化」に隠された〝落とし穴〟

さて、ここまで「不便益」の実例をいくつかご紹介してきました。実際に身のまわりに不便さをとり入れることで、物事をよい方向へと動かしていった例があることを、ご理解いただけたのではないでしょうか。

次に考えたいことは、

「不便さを利用して、何かできることはないか」

ということです。まずは工学部出身の人間らしく仮説を立てたいところですが、理系の人が仮説を立てるときによくやる手法として、「似たようなことをやっている研究分野が他にないか」を探します。

私も探してみたところ「人間機械系」という研究分野を発見しました。機械系から派生した分野です。機械系とは、機械単体をいかに便利にするか、どうすれば効率化、自動化できるかを追究する分野ですが、そこからさらに、機械を使う人間まで含めて一つのシステムとして考えるのが、「人間機械系」という分野です。

世間には「自動化」という言葉に対して「いいこと」のように受け止めがちな風潮がありますが、一方で、「自動化には問題がある」という認識もまた古くからありました。

自動化の問題① 「ブラックボックス化」

お盆になると、家族一同、車に乗って実家がある島根に帰省するのが恒例です。ある年、翌日には京都へ戻らなければならないというときに、その車の後部座席のマドが閉まらなくなりました。

いつもマドを開け閉めしているにもかかわらず、その動作のしくみを知っている人はどれだけいるでしょう。まさにブラックボックスです。動かなくなれば、手の施《ほどこ》しようがないのです。ディーラーに連絡しようにも、お盆休みというバッドタイミング。

どうしたものかと悩んでいたら、当時幼稚園児だった息子が何を思ったか、両手で挟《はさ》むようにしてマドをグッと引っ張り上げ、閉めてくれたのです。大人が雁首《がんくび》そろえて思いつかなかった解決方法にとても感謝したのですが、後日車を修理に出したところ、そのとき無理に引っ張ったため部品が破損し、ドアをまるごととり替えるぐらいの修理費がかかりました。ブラックボックス化の弊害が身にしみた出来事でした。

自動化は便利だけれど、もし言うことを聞いてくれなくなったらどうすればいいのか？

世の中が便利になって、操作するのが簡単になったがゆえに、いざというときの問題解決法まで理解が及ばず、戸惑ってしまう瞬間は格段に増えました。

自動化の問題②「タスクの変容」

読者のみなさんの中には、飛行機をよく利用する方もいらっしゃると思います。

飛行機のコクピットには、通常二名のパイロットが乗り込んで操縦かんを握っています。もっとも、現在の飛行機の操縦は自動化されており、「オートパイロット装置」によって飛行するのが標準です。

停電するとトイレの
水まで流れなくなるのは、
まさに便利の裏返し。

パイロットたちは「自分で操縦したかったら、してもいい」らしく、私の知り合いのパイロットは、なるべく自分で操縦するように心がけているそうです。機械任せにしていては、操縦の技術を磨けないどころか、腕が鈍《にぶ》ることだってあるかもしれません。

しかし逆にいえば、何もせずに座っているだけでもいいわけです。

パイロットという職業に就《つ》くのは簡単なことではなく、厳しい訓練も必要ですし、健康管理への高い意識が求められます。

つらく苦しくても、「飛行機を操縦するんだ」と夢見てがんばり、パイロットになった人が、いざ飛行機のコクピットに座ってやることが、何時間も計器を眺めて、警告の赤いランプがつかないか見守るという単純作業だけだったら……？

空の上にいるときは技術を磨くことができず、経験も積めず、陸に降りてからシミュレーターで訓練するばかりだとしたら？

仕事に対する彼らのモチベーションはいっこうに上がらないでしょう。

一九八二年、日本航空三五〇便が羽田沖に墜落する事故が起きました。すでに着陸体勢に入っていた飛行機の自動操縦装置を、機長はなぜか突如解除し、みずから操縦かんを握って前に倒しました。さらに、滑走路まで届いていないのにエンジンを逆噴射させ、飛行機は体勢を立て直せないまま海に墜落したのです。

　後の捜査で、機長に精神上の問題があったとわかりましたが、ここで注目したいのは、四〇年近くも前から飛行機の着陸が自動操縦であったという事実です。

　事故のあと、パイロット仲間の間では、とある小話が流行したといいます。

「人に運転させるよりも、自動操縦装置のほうが信頼できるじゃないか」

「機械にやらせるならコクピットに二人も必要ない。一人にして、空いた席には犬を乗せればいい」

　猫でもよさそうですが、パイロットが自動操縦装置を解除しようとしたら噛みつくように犬を訓練し、監視役として置くのだとか。でも、犬を置くなら犬の世話係も必要だよね……ということで、この小話では二重、三重にタスクが変容していきます。

　そもそも問題だと思うのは、現役パイロットたちがこんな皮肉な小話に花を咲かせる状況が、実際にあったということです。そのとき彼らがハッピーな気持ちだったわけがありません。

　任せてもらえない。重要な役割がない。その現状をお互いに揶揄《やゆ》するようなことをいいあっているよりも、人間が自分の責任で飛行機を操縦しているという図式があるほうが、パイロットにとってはよほどうれしいはずです。

だからといって、自動操縦装置のない昔の方式に戻せばいいのかというと、実際問題それは無理です。すでに技術は進み、古い方式のコクピットの機能では、最新の飛行機に対応できません。

一つの方法として考えられるのは、**便利さの陰で失われてしまったものをきちんと整理した上で、新しいシステムデザインの糧《かて》にするというやり方**があるでしょう。そしてこれこそが、不便益のモチベーションの一つなのです。

不便なものを人は信頼する

これまで説明してきたように、「便利」とは手間がかからない一方で、モチベーションの低下とスキルの低下が相乗効果を起こす場合があります。ひと言でまとめるなら、**「楽（ラク）だけど、楽しくない」**。**プロフェッショナルが育ちにくい**一面もあります。

一方、「不便」であることは、便利とは逆に、モチベーションの上昇とスキルの上昇が相乗効果を起こす場合があります。**「楽（ラク）じゃないけど、楽しい」**のです。

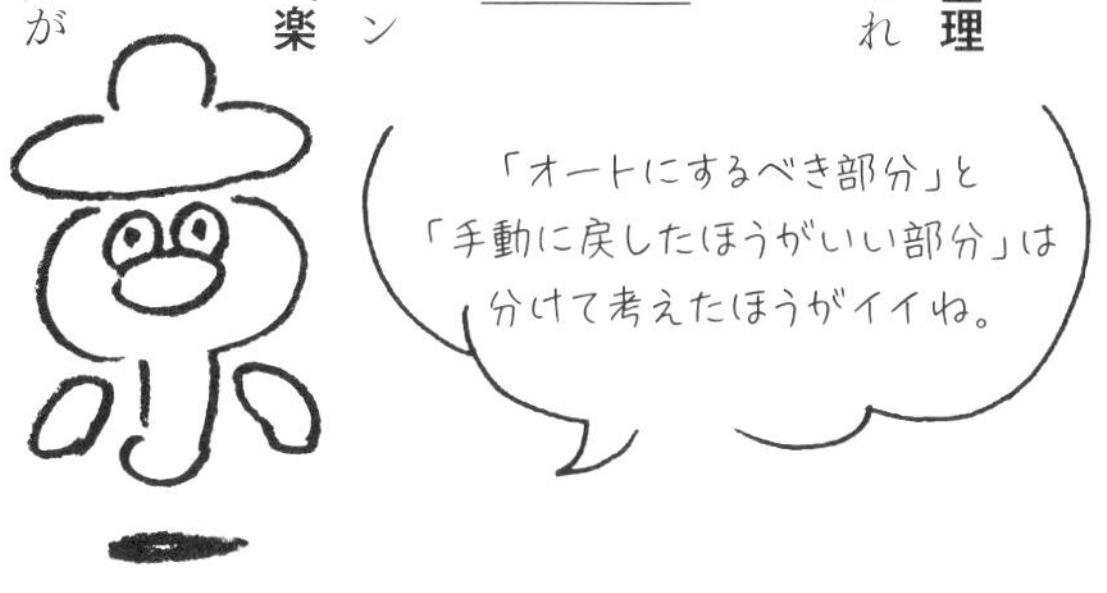
「オートにするべき部分」と
「手動に戻したほうがいい部分」は
分けて考えたほうがイイね。

この「不便」の中身をきちんと整理すれば、あわよくば自動化の問題は解決できるのではないか。そういう予想で整理してみた結果が、左ページの図（不便益関連図）になります。この図でまず注目してほしいのは、左側の四つの要因です。

◎操作と挙動のつながりが見えている
◎しくみが見えている→想像できる
◎対象系理解を許す→うながす
◎物理を介してフィードバックする

この四点、実は安全工学の分野において非常に有名なJ・リーとN・モレーが提唱した「人がシステムを信頼する四つの要件」とほぼ合致します。

これらが意味するのは、「不便なものを人は信頼するのではないか」ということ。

さらに、残りの右側の部分についても同様のことを指摘している人がいます。著書『誰のためのデザイン？』（新曜社）で一躍有名になった認知科学者ドナルド・A・ノーマンです。

彼はこの本で、デザイナーは**やみくもに高機能を追求するのではなく、ユーザーにとっ**

ドナルド・A・ノーマン（1935-）
『誰のためのデザイン？』を上梓《じょうし》したのは1988年。その後、アップル社の製品などに影響を与えたことで知られる。

不便益関連図

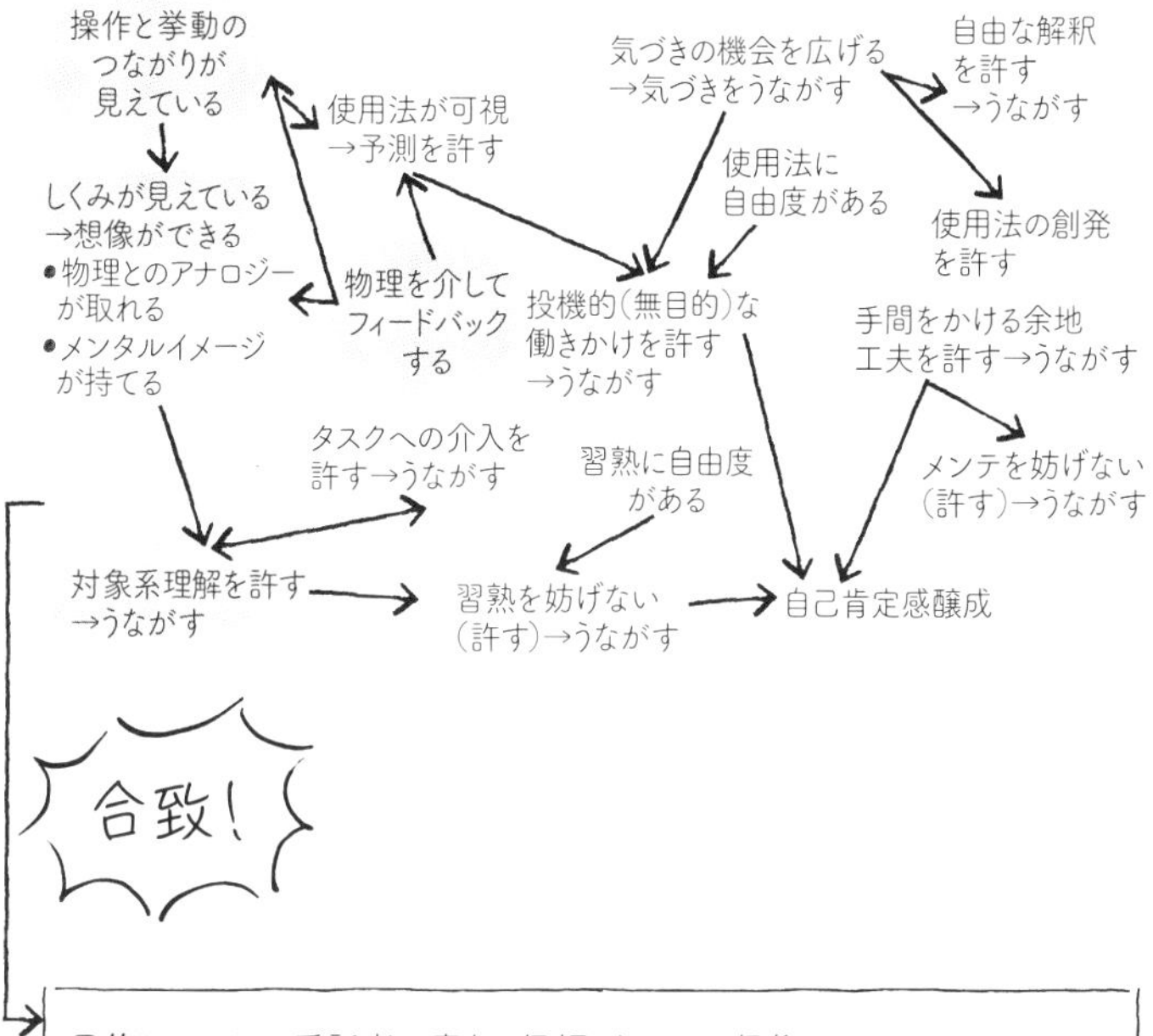

目的 purpose 受託者の責任、信頼、あるいは信仰

課程 process 信頼性と理解

能力 performance 技術的に優れた能力、予測可能性、試行錯誤の経験

土台 foundation 自然法則との一貫性

J. リー & N. モレー
『信頼、制御戦略、人間機械系における機能割当て』
『Ergonomics』 vol.35, no.10, 1243/1270, 1992

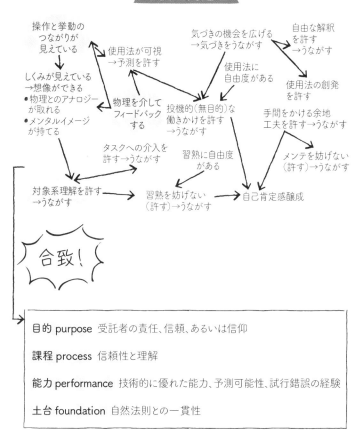

て使いやすく理解しやすいことを重視しながらデザインすべきだと主張し、これを「ユーザー中心設計」と名づけました。

「ユーザー中心設計」のカギとなるのが「アフォーダンス」という考え方です。ものが人に対して「こんなふうに使えますよ」という行為の可能性をアフォード（提供）していると考えれば、いろいろなことがうまく説明できるのだといいます。

たとえば左ページの水筒。飲みたいときどうすればいいかは簡単に予測できますよね。ボタンの部分を押せば、ぴょこっと注ぎ口が出てきます。ここまでは、ノーマン的にはOKです。ボタンを押すことを、水筒はユーザーにアフォードしています。

次に、コップにお茶を注ぎたいわけですが、注ぎ口はAとB、どちらでしょう？　この質問をすると票が割れるのです。割れるということは、行為の可能性（アフォーダンス）が複数あるということ。使い方を間違える人もいるでしょう。これはノーマンにいわせれば「よくないデザイン」ということになります。

ちなみに、正解はB。Aはカップを閉めたときここに引っかかることで、注ぎ口も一緒に閉まり、中の漏れをふせぐ装置なのだそうです。

次に、ノーマンのいうアフォーダンスを逆手にとったデザインを見てみましょう。

注ぎ口はどっち?

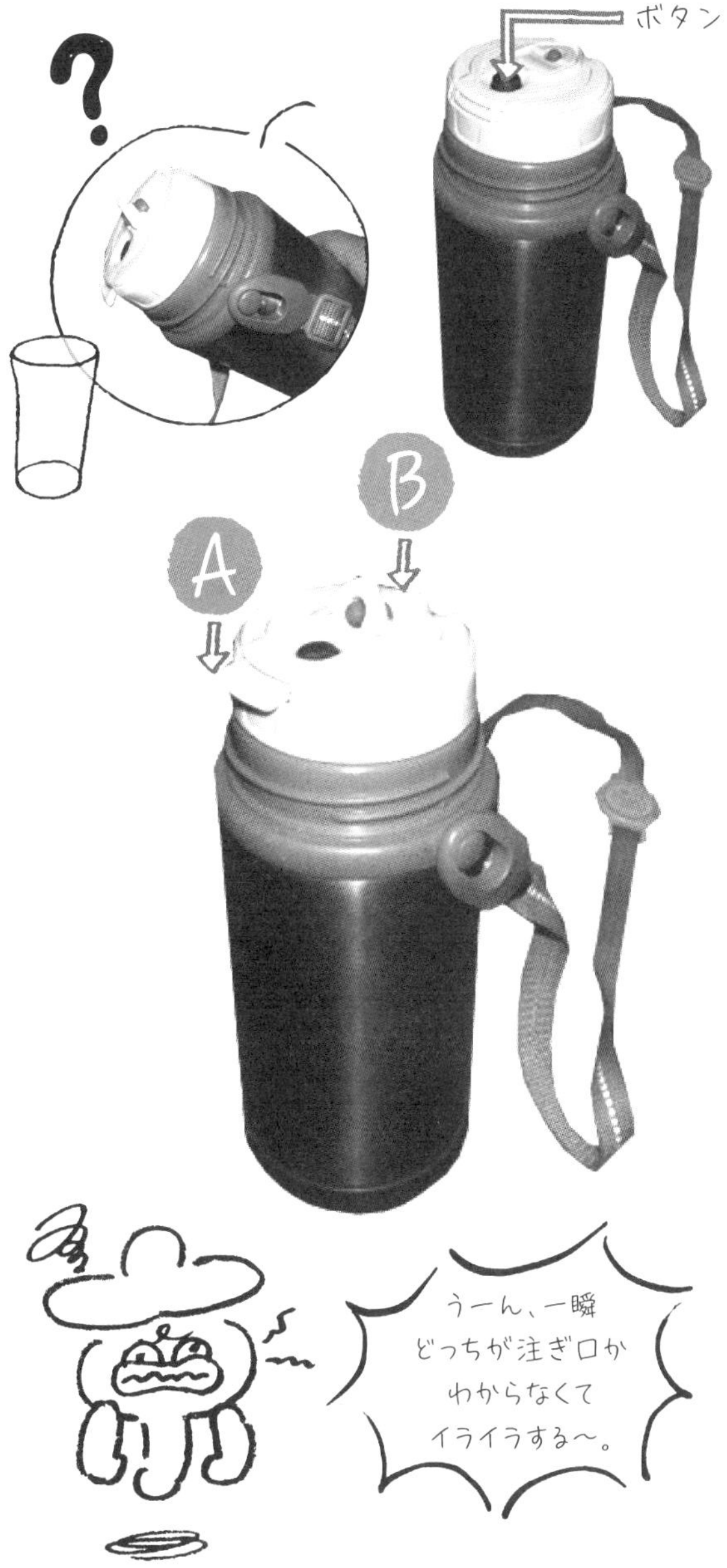

私は息子が小さいころはバイク通勤でしたが、雨の日は電車に乗ります。電車通勤の日だけは『週刊少年サンデー』を息子に買って帰る約束をしていました。

ある雨の日、『少年サンデー』を心待ちにしていた息子は、帰宅した私のカバンを自分で開けようとしたのです。しかし、なかなか開きません。カバンには、左ページの図のような形の金具がついています。息子は真ん中の丸いボタンを何度も押しましたが、そのやり方では開かないのです。

この金具はもともとはスリよけのデザインだったそうで、金具をスライドさせれば開けることができます。開け方を知らないとついボタンを押したくなる（アフォードされる）という、引っかけです。

息子のように使い方を知らない人は、みな間違うでしょう。しかし、このスリよけのデザインは、ノーマンに言わせれば「いいデザイン」。

アフォーダンスを逆に利用して、スリよけのために金具に予想外の動きをさせるというデザインだからです。

このように、機能性の高さやデザイナーの都合ではなく、ユーザー（人間）中心でデザインすることの大切さを主張していたノーマンでしたが、なんと二〇〇五年になると「人

間中心設計は害だ」と言い出しました。人間中心設計を信じてきた人たちは裏切られた思いがしたでしょう。しかし、論文を細かく読んでいくと、彼の言いたかった真意がわかってきました。

人間中心設計を浅薄にとらえ、モノが人にすり寄り、それによってモノだけが変わっていくようではいけない。人は変われること、また成長できることなど、その能力をないがしろにしてはいけない。つまり、**「人間中心」とは、人間が何もしなくてもいいという意味ではない**のだと、ノーマンは主張したかったのです。

二〇〇四年に刊行された著書『エモーショナル・デザイン』（新曜社）の中では、不便益にかなり近い内容が綴《つづ》られています。

『エモーショナル・デザイン』のキー・コンセプトの一つが「パーソナライゼーション」（個性化）です。

これを説明するのにぴったりのエピソードがあります。あるときノーマンの友人が「要するに僕だけのものならいいのだろう」と、新品の携帯電話を砂にジャリッとこすりつけて傷をつけ、「この傷は世界で一つしかない。これがパーソナライズ」とやったそうなのです。なんとも悲しい顔をしながら。

それはノーマンの主張するパーソナライズとは違っていました。大きな違いは**「かかわりの長さ、深さ」**でしょう。

たとえば、ジーンズは何度もはいて使い込んでいくほど、いい風合《ふうあ》いが出てくるものですが、ストーンウォッシュするなどしてわざと着込んだ風合いを出した新品を売っています。

ノーマンに言わせれば、それは浅薄なデザイン。ポケットにいつも入れていたジッポライターのあとが残っているとか、右足を上にして足を組むクセで左足の上部分だけひどく擦《す》れているとか、その人とモノとがお互いにかかわり合ったあとが残っているのがパーソナルなもの。そこには手間をかける余地があり、また工夫する余地があり、それによって自分の気分も行動も変わるし、モノも変わっていきます。

『エモーショナル・デザイン』の考え方は、不便益にかなり近いのです。まったく違う分野にも、不便益に近い知見があることは、私が次の段階へ進むことへの足がかりとなりました。

今日をちょっと幸せにする方法

次の段階というのは、「具体的に不便益を使って、何かを新しくデザインし、人を幸せにしたい」ということ。

一方で、不便益はなかなか使いにくいという現実があります。

そこで、まず「何をどう不便にすれば、みんながうれしいのか」、そして「不便だからこそ得られるかもしれない益」について、わかりやすくまとめたのが169ページの図です。

実は、不便益の話をすると、冒頭に書いたように、十中八九「そんなもん、ホンマにありますか?」と疑問視する人が出てきます。これに反論し、この図の要素をとり込んで、「こう活かせます!」と証明すべく私がつくりあげた製品案を、いくつかご紹介してみたいと思います。

ここで紹介している製品において不便益がどう活かされているかは、左ページの不便益原理カードにある一二の要素を参照してください。

＊素数《そすう》ものさし

このものさし、センチメートル単位のメモリは「2・3・5・7・11・13・17」の素数のみ。ミリのメモリも素数のみの四一個しかありません。

たとえば1センチメートルの線を引きたいとき、普通の定規なら端っこにある0から1の目盛りまで線を引く機械的な作業ですみます。しかし素数ものさしでは、「3マイナス2は1だから、1センチの幅になるのは2と3の間だな」と、頭の中で計算しなければなりません。

では4センチメートルを測るには？　6センチなら？

線を引くだけのことに、ひと呼吸おき、頭を使って、自分から働きかけなければ使うことができないものさしなのです。お値段は五七七円。これも素数です。ある種のパズル性がウケたのか、おかげさまで京都大学生協にて大好評発売中です。

ちなみに、この素数ものさしには、一二種類ある不便益原理カードの中から「無秩序にせよ」「操作数を多くせよ」「情報を減らせ」の三つが組み込まれています。

不便益原理カード

どうやって不便益を組み込む?
12種類
アナログにせよ
時間がかかるようにせよ
操作数を多くせよ
頭を使わせよ
劣化させせよ
限定せよ
疲れさせせよ
無秩序にせよ
情報量を多くせよ
情報を減らせ
危険にせよ
刺激を与えよ
LIMITED
LESS
不便だからこそ得られる益
8種類
対象系を理解できる
発見できる
工夫できる
主体性が持てる
上達できる
能力低下を防ぐ
安心できる信頼できる
俺だけ感がある

＊カスれるナビ

正確で詳細な情報をリアルタイムで表示してくれるカーナビ。これは便利すぎるのではないかということで、不便さをとり入れてみたのが「カスれるナビ」。

このナビは、通った道がしだいにかすれていきます。道を間違って戻ろうとしても、ちょっと消えているのです。何度か同じところを通るとかすれがどんどんひどくなり、三度も通るとその周辺はほぼ真っ白で見えなくなります。

この「カスれるナビ」で実験をしてみました。あるグループにはカスれるナビを渡し、別のグループにはカスれない普通のナビを渡して、一人ずつ町歩きをしてもらったのです。戻ってきたら、実際に通った場所の写真と、通っていない場所の写真を見せて、本当にあった景色なら○、そうでないなら×と答えてもらいました。

すると、**カスれるナビを手にして町歩きをしたグループのほうが、有意に正しく解答したという結果になりました。**私の仮説ですが、「いつも手元に正しい情報がある」という状況があるとき、人は深層心理で「この情報を頭に入れる必要はない」と判断するのではないでしょうか。

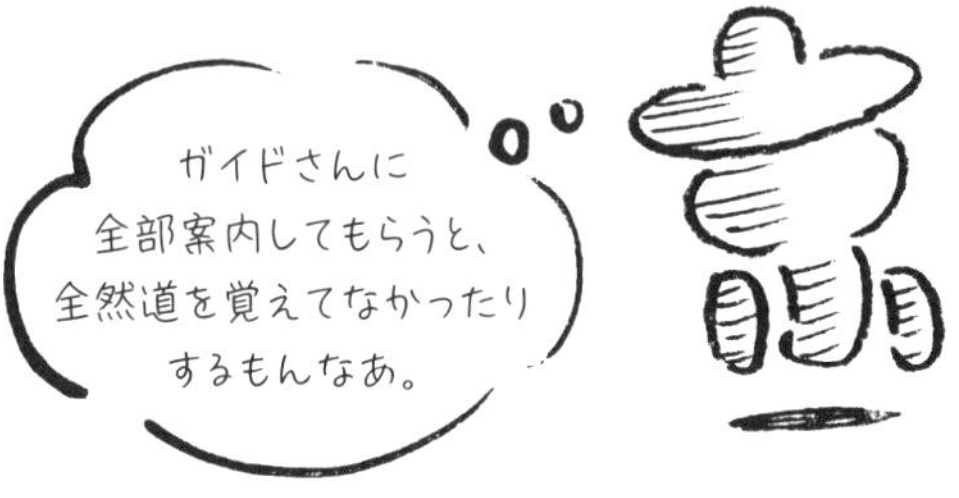
ガイドさんに
全部案内してもらうと、
全然道を覚えてなかったり
するもんなあ。

カーナビが標準装備されるようになってから道を覚えなくなったというドライバーは少なくありませんが、これが錯覚でないことがわかったのです。

この「カスれるナビ」には「情報を減らせ」「劣化させせよ」という二つの不便益原理が使われています。

＊曲線電子レンジ

近ごろの電子レンジはますます進化しています。もっとも私の場合、「あつかん1分」ボタンしか押したことがありません。ピッと押せば熱燗《あつかん》ができてしまうのですから便利すぎます。

そこで不便にしてみようと「曲線電子レンジ」を考案しました。

レンジの扉にある窓部分を、横軸が時間、縦軸が出力を表すグラフに見立て、スイーッと指で曲線を描けば、そのとおりに温めてくれるというシステムです。

私が温めるのは今日も明日も同じ熱燗。しかし、温めるたびにいちいち曲線を引かなければならないのですから面倒です。

でも、ある日いつもとちょっと違う曲線を引いて温めてみたら、いつもよりぐっとおいしい熱燗ができあがったとしたら？　そんなふうに「マイベスト・熱燗曲線」を発見でき

る可能性があるのです。

もちろん、逆に失敗する可能性もありますが、それだって毎回同じスイッチをピッと押しているだけだったら、絶対出会えなかった味なのです。手間がかかって不便でも、新しい発見ができるのであれば、価値があると思いませんか。

この「曲線電子レンジ」に使われている不便益原理は「アナログにせよ」「操作数を多くせよ」「情報を減らせ」「危険にせよ」の四つです。

＊ジェスチャー入力スマホ

スマートフォンのロックを外すとき、いくつか方法がありますが、仮に九つのあるポイントのなぞり方によって解除するやり方の場

合、たかだか一〇の階乗《かいじょう》通りしかパターンはありません。かなり多いのではと思われるかもしれませんが、有限個の解から一つを覚えることはそう難しくないのです。

そこで、ロック解除のパターンを無限にする方法を考えました。

思いついたのはジェスチャーです。これなら無限にあります。スマホを手に持って動かすジェスチャーを登録し、そのとおりに再現すればロックが解除される「ジェスチャー入力スマホ」を開発しました。ためしに、仮面ライダーの変身ポーズを登録してみたのですが、ちっともロック解除できません。ぴったり同じ動きができないのです。超不便です。

ところが、このジェスチャー入力スマホを開発してくれた学生は、百発百中で解除できました。彼は卓球部に所属しており、スマホをラケット代わりに素振りする動きを登録したところ、うまくいったというのです。

そこで、私も高校まで続けていた剣道の動きをジェスチャー登録してみたところ、なんと百発百中。四半世紀以上も前であろうと、体に染みついた動きであれば、パスワードの役目を担《にな》えるとわかりました。

ただし、酔っ払っているときは同じ動きができないというのが弱点です……。

毎日「頭を使う工夫」をする

不便益は「モノ」だけではありません。「コト」にも応用ができます。

＊ビブリオバトル（オススメ本バトル）

インターネットの普及により、いつでも、どこでも、誰にでも発信できるし、即座に情報を手に入れることができる社会になりました。しかし、これは便利すぎます。

そこで「いつでも、どこでも、誰とでも」というウェブの特性を裏返し**「今だけ、ここ**

だけ、僕らだけ」というスローガンを掲げて、ある場所にみなが集まり、お互いの「オススメ本」を競わせる「ビブリオバトル」を考案した人がいます。

ルールは簡単。参加者が「イチ推し本」を持って集まり、その内容について短いプレゼンをします。そのあとはそれぞれの本についてディスカッションをし、「もっとも読んでみたい本」を投票で決めます。一番票を集めた本が「チャンプ本」というわけ。

実は、発案したのは私が准教授をしていた研究室の研究員だったのですが、私が主催する輪講会があまりにもつまらないからと、みずからおもしろい企画を考えた結果「ビブリオバトル」にたどり着いた、という裏事情が……。私がいなければ発案されなかったわけで、つまり私が陰の生みの親だと自負しています。

わざわざ足を運んで、集まった人たちの中だけで議論するという、便利さとは真逆をいくビブリオバトルは、あれよあれよという間に各地へ広がり、教育現場でとり入れられたり、数年前までは東京都主催の全国大会が開催されたりしています。

*左折オンリーツアー

京都の街で、左にしか曲がれない「左折オンリーツアー」を企画し、参加費一六〇〇円で募集をかけたことがあります。右に気になる場所があっても行けないという、かなり不便ですが、ワクワクする観光です。

もっとも、別に私にわざわざお金を払わなくとも、自分たちで「左折だけしながら歩きまわろう」と決めてやればいいわけで、応募者はゼロという結果に終わってしまいました。

残念……。

不便は手間だが役に立つ

かつては「ものづくり大国」と呼ばれた日本の企業は、今、ものづくりにおいて迷走しているという印象があります。

何をつくればいいのか。どこに新たなチャンスが眠っているのか。

迷ったあげく、AIや完全自動化といった便利をもてはやす一方で、不便益の要素をとり入れていこうとする動きも、実は少なくありません。実際、多くの企業の方たちが、不便益に興味を持ち、研究室を訪ねてきてくださいます。

実は、「製品が進化すると、うつ病にかかる人が増える」という研究データも出てきています。これは非常に興味深いデータだと思います。

たとえば、人間関係なんかも
もどかしいから実りが大きい。
他にも「不便益」を探してみよう！

まだまだ不便益は社会に広く浸透しているわけではありませんが、便利を追求していればよいという考えに違和感を抱き、あえて手間をかけること、わざわざ不便さを盛り込むことの意義を、前向きに考えてくださる方たちがいることは間違いないのです。

便利さへ向かうスピードが加速する時代、ぜひ今一度、不便だからと切り捨ててしまわず、むやみに避けず、不便をガンガンとり込んでみてはいかがでしょうか。

KYOTO UNIVERSITY

川上先生の『常識を超える』ノート

▼人間は結局、「ちょっと不便」なほうが好き

▼商品が「高性能なのに売れない」のは、“便利すぎる”からかもしれない

▼便利を突き詰めると、普通の人がコントロールできない製品になる

▼なんでも「完全自動化」は弊害も大きい

▼「不便益」は「社会の豊かさ」を考えるカギになる

京大変人伝説

京大最強の変人――森《もり》毅《つよし》先生のお話

数学者・森毅先生（酒井《さかい》敏《さとし》先生の6章でも紹介されています）の授業は本当におもしろかったらしい。

まず授業を教室ではやらず、京大の構内に植わっている樹の下で講義をしていた（一説には人数が多すぎて教室に入りきらなかったという話もある）。

次の週は、また違う樹の下で講義をした。次週はどこの樹の下でやるのか、学生たちには何も知らされず、みんな講義が行なわれる樹を探して学内を右往左往したそうだ。

気がつくと、ものすごい数の学生が、森先生が講義をする樹のまわりに集まっていたらしい。その姿はまるで、大勢の弟子たちに囲まれて菩提樹《ぼだいじゅ》の樹の下で話すブッダのようだった……と伝えられています。

僕、越前屋俵太は『探偵！ナイトスクープ』の顧問もしていただいた関係で、森毅先生には実際に何度かお会いして、お話をさせてもらいました。

森さんは本当にやさしい方でした。

初めて僕がお会いしたとき、その深く刻まれた顔のシワがあまりにもインパクトがあったので「**先生、まるでシーラカンスみたいですね！**」と叫んでしまったのです。

そんな失礼な突っ込みにも「**間違いない！　シーラカンスみたいなもんや！**」と笑って答えてくださったのが印象に残っています。

変人伝説ではないのですが、あるラジオ番組の子ども相談室で、中学生から「なぜ、勉強をしないといけないのですか？　こんな勉強が社会で何の役に立つのですか？」という、一瞬、大人がどう答えていいのかわからない質問があったときに、森さんはやさしくその子に言ったそうです。

「あんたの言うとおり、**こんな勉強は社会に出てもなんの役にも立たん。**ましてや社会に出たら、いっさいする必要はない。**だから、今やるんや！**　こんな勉強は今しかできんからがんばりなさい！」

やっぱりシーラカンス先生はすごい!!

5

生物の教室

ズルい生き物、ヘンな生き物

――〝単細胞生物〟から、進化の極みが見えてくる

人間・環境学研究科 助教 進化生物学
神川龍馬《かみかわりょうま》

自分自身、ズルくて猪突猛進の
単細胞を自覚している。

ミクロの世界から見えてきたこと

私の研究分野は、「ちっちゃい生き物たち」です。それも、人間の目に見えない、ミクロの世界の生き物たちです。

みなさんは**「真核《しんかく》生物」**というものをご存じですか。

これがいったいどういうものかをシンプルに説明するために、まずはビジュアルをご覧いただきたいと思います。

左ページの図を見てくださいね。

二つの細胞をわかりやすくイラスト化して並べました。左側の生き物の中心に、一つの大きな丸があります。これを「核」といい、核がある生物を「真核生物」と呼びます。その他にも、ミトコンドリアなど、さまざまなパーツが内部に入っていることがわかります。

一方、右側の生物には核がありません。世間のみなさんのイメージでいうところの「ばい菌」などはこの仲間です。中身がモヤモヤしていて、真核生物とは少し違って見えます。

イラストを適当に描いたわけではありません。もともと、こういうモワッとした形状な

核をもつ生き物、もたない生き物

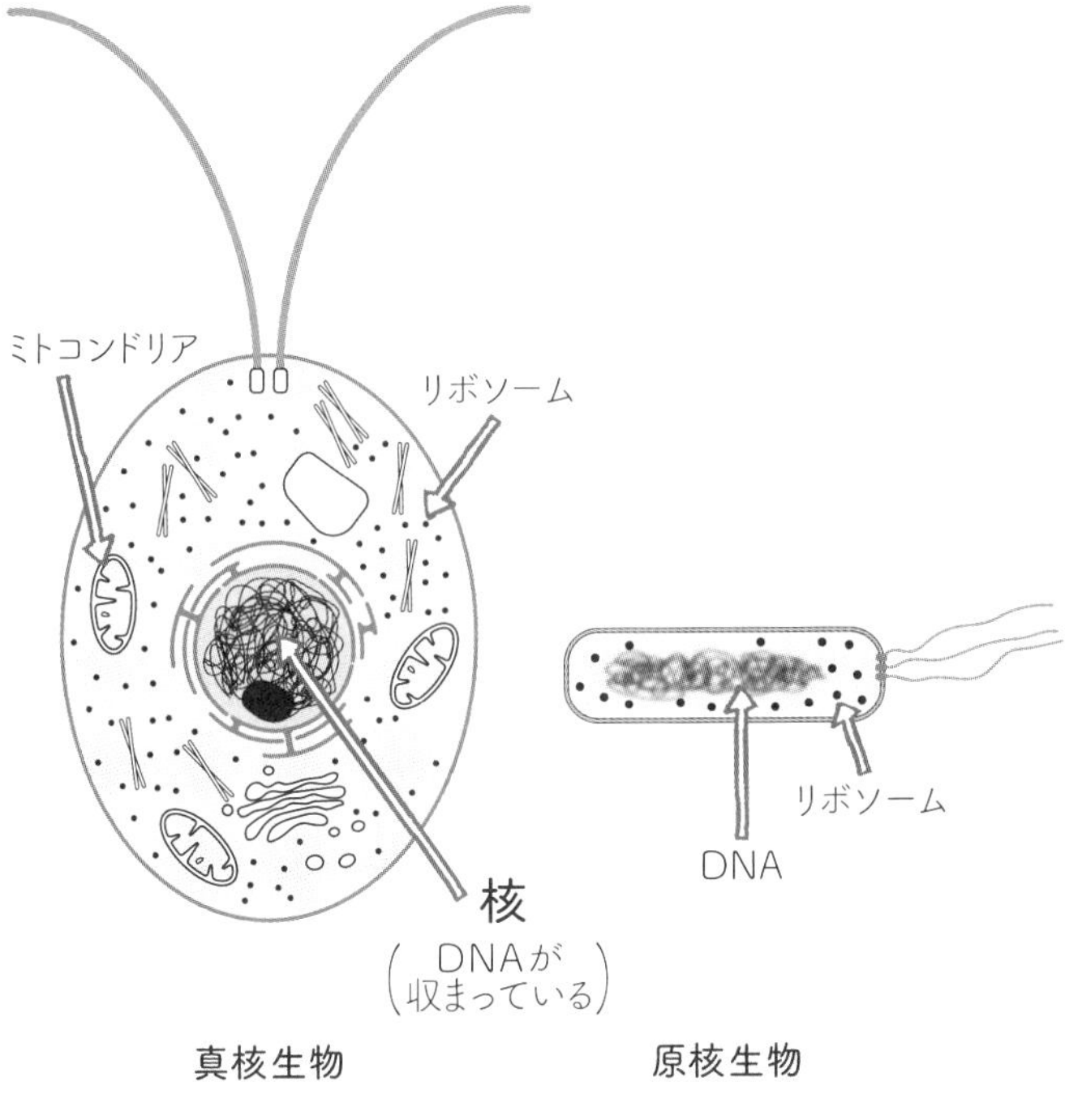

のです。核がない生物を**「原核《げんかく》生物」**と呼びます。

「核」があるか、ないか。

その点によって生物を区別するのは、読んで字のごとく、それがこれからお話しすることの〝核〟だからです。

核があるかないかで、生物は大きく違ってきます。

では、いったい核とは何なのか。

この容れ物の中に生物が生きるための「設計図」が詰め込まれています。上手に設計図を読んで、そのとおりに行動すれば生物は生きていけることになっています。

原核生物にはこの容れ物がありません。設計図はあるのですが、大切にしまっておく場所がないため、丸見えの状態です。それでもしっかりと、原核生物たちは計画どおりに生きています。

真核生物と原核生物が「核」という点で違いをもつとわかったのは、一〇〇年ほど前のこと。細胞の輪切りを片っ端から調べていた、いい意味で変人だったであろうエドゥアール・シャットンが提唱しました。

それ以前は顕微鏡で観察されても、たとえばパン作りに欠かせないイースト（酵母＝真

エドゥアール・シャットン（1883-1947）
フランスの動物学者。単細胞生物を調べて、原核生物と真核生物に分けられることを発見した初めての人。

核が2つあるジアルジア

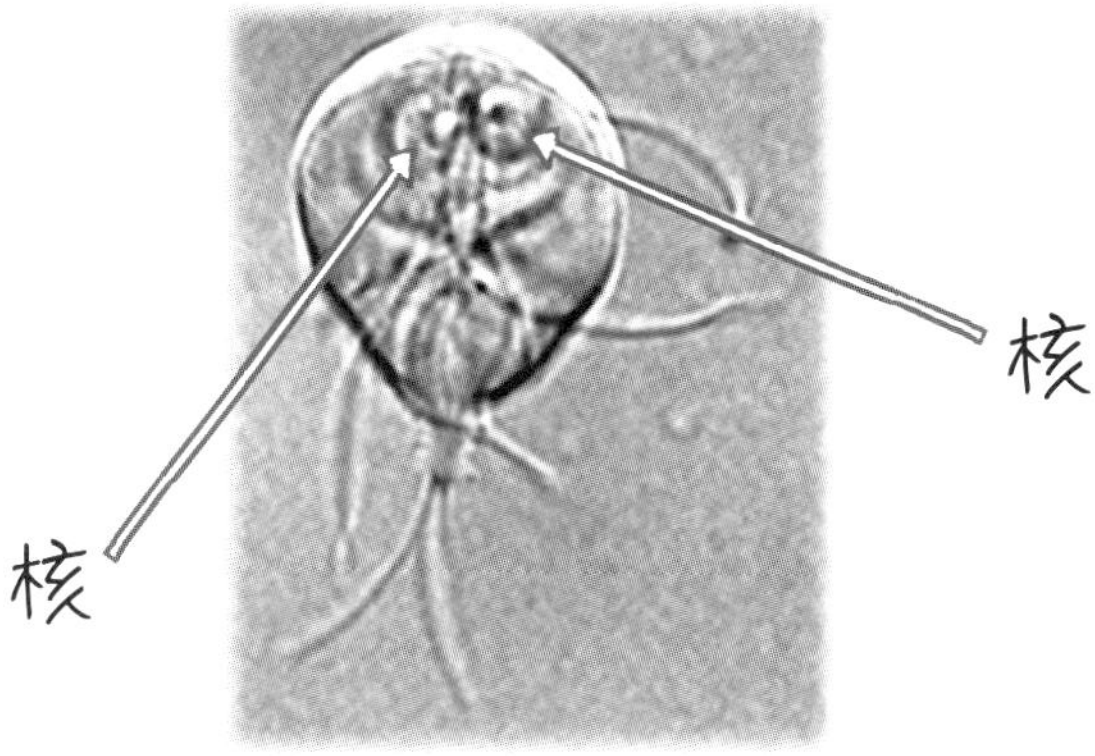

核生物）や、ばい菌（＝原核生物）なども同じ「めちゃくちゃ小さな生物の何か」でしかなく、「単細胞生物」として一緒くたにされていました。しかし、時代が流れ、技術の進歩とカメラの精度が上がったことで、両者が区別されるようになったのです。

では、問題です。

人間は真核生物でしょうか？
それとも原核生物でしょうか？

人間は前者、真核生物の仲間です。私たちの体の細胞一つひとつに核があります。ただし、人間は無数の細胞によって構成されている「多細胞生物」であるという点で、単細胞生物のアメーバなどとは違っていますね。

真核生物がもつ核は、基本的には一つの細胞に一個ですが、例外もあります。

185ページの写真はジアルジアという寄生虫の一種です。ジアルジアは下痢性疾患の原因生物で、熱帯や亜熱帯の発展途上国などで問題になっています。生《なま》ものを食べたり生水を口にしたりすると感染する場合がありますが、衛生環境がきわめて整っている日本ではほとんど見られません。

二つある目のようなものは、どちらも「核」です。ジアルジアは一つの細胞に、二つの核をもつというちょっと変わった存在です。

このように例外はあるものの、生物は基本的に、**一つの細胞に一つの核をもつ「真核生物」**と、**核をもたない「原核生物」**とに分類できます。

さらに「原核生物」はまた、二つのグループに分類できます。

一方は**「古細菌《こさいきん》」**、もう一方は**「真正細菌《しんせいさいきん》」**と呼ばれています。

細菌にグループ分けなどあるのかと驚かれるかもしれませんが、古細菌と真正細菌という二つのグループは、設計図の描かれ方や細胞を囲む膜の成分などから、ま

ちなみにプチプチの食感が楽しい
沖縄の特産品海ぶどうも
1つの細胞に多数の核をもつ
多核単細胞生物なんやって!

ったく違う生き物であることがわかっています（たとえば、私たちにおなじみの、ばい菌の代表格「大腸菌」〈＝真正細菌〉と、地中などに存在してメタンガスを生成している「メタン菌」〈＝古細菌〉は、日本語では同じ〝菌〟と名がついていても、まったく別のグループに属します）。

ちなみに「古細菌」という名称から、「古い細菌」というイメージをもたれがちですが、それは誤解です。

温泉の源泉のように「熱くて酸素がない場所」といった、いわゆる原始の地球環境に近いと思われる条件下で生きている菌が多いことなどから、これらが発見された当初は「古い生物なのではないか」と考えられていました。

しかし最近では、古細菌がさまざまな場所に生息することがわかっており、「古い細菌である」という認識こそ、古くなってしまっています。

DNAでわかった私たちの祖先

さて、前置きが長くなりましたが、まずは**地球上に存在するすべての生物が「真核生物」「古細菌」「真正細菌」の三つの種類に分類できる**ことがわかりました。

ところで、生物の進化、もしくは誕生を考える場合の一つの方法として、「系統樹《けいとうじゅ》」を描くやり方があります。

人間でいうところの家系図を思い浮かべてもらうとわかりやすいでしょう。ご先祖から今につづく子々孫々のつながりを、木が枝分かれするような形で図示する方法です。

たとえば左ページの図は、「ヒト科の進化系統樹」です。

共通祖先から始まり、木の幹が伸びるように、オランウータンのご先祖や、ゴリラ、ヒト、チンパンジーのご先祖へと枝分かれしていった進化の過程が、ひと目でわかるようになっています。

同じやり方で、生物の進化全体を考えてみると、どうなるのでしょうか。

ヒト科の進化系統樹

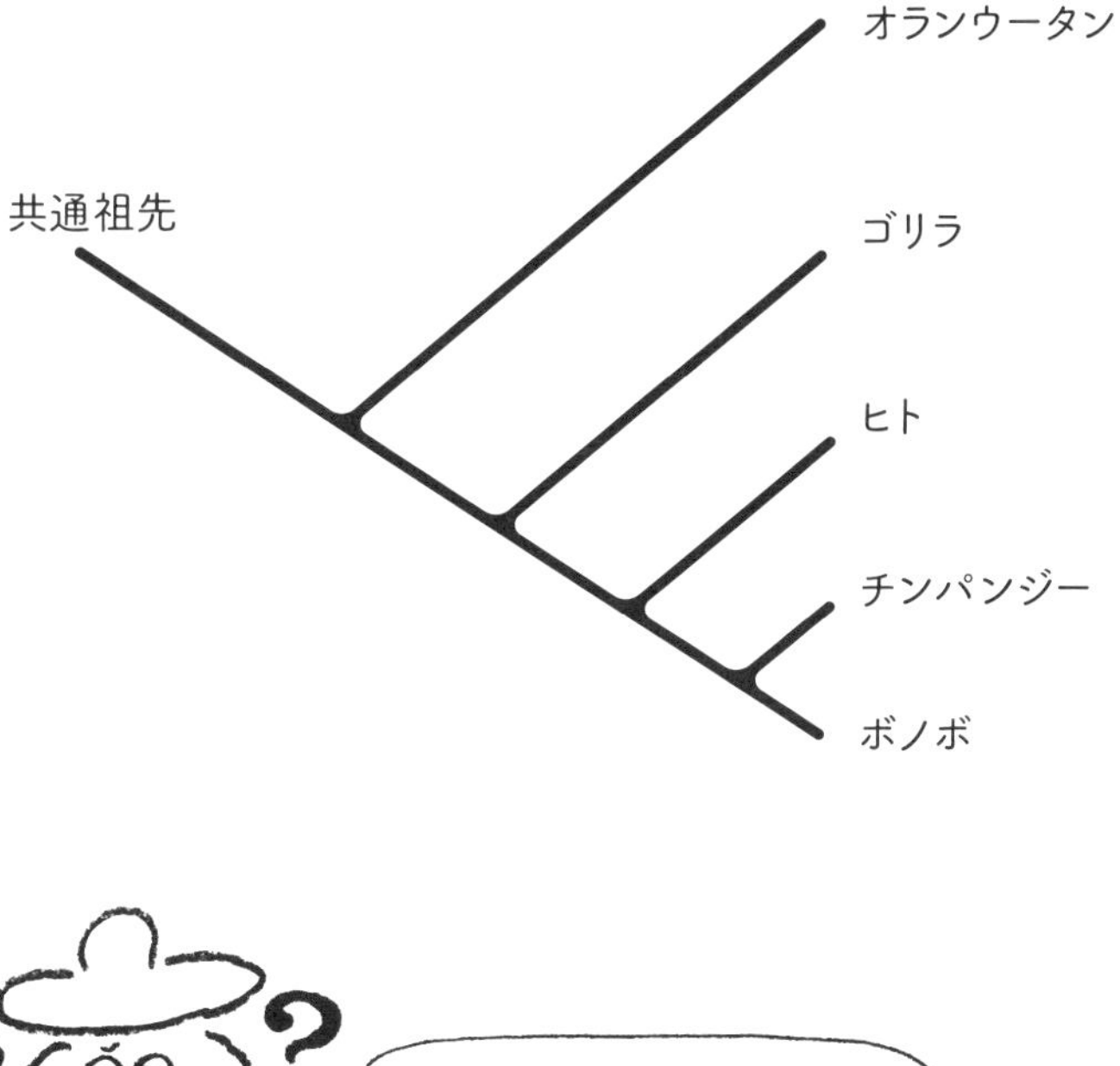
共通祖先
オランウータン
ゴリラ
ヒト
チンパンジー
ボノボ

ヒトがサルから進化したみたいに、
真核生物も何かから
進化してきたということ?

真核生物と古細菌、真正細菌は、どのような共通祖先から、どうやって進化したのか。もっと言えば、真核生物は何から進化したのか。

この謎を解明するにはどうすればいいのでしょうか。

「古細菌」「真正細菌」「真核生物」という、地球上すべての生き物をざっくり分ける三つのジャンルの存在が、進化の結果である——このように仮定した上で、それを客観的なデータによってきちんと証明しようとするとき、重要な要素があります。

核という容れ物で大切に守られている「設計図」です。これを生物学的に正しい名称で呼ぶと「ゲノム」といいます。

「ゲノム」はすなわち「遺伝情報」であり、進化の過程を解明するための素材です。ときおり耳にする「DNA」とはゲノムを構成する材料のことです。

生物学者たちは実際に、生物のゲノムを解読しました。ゲノムという名の設計図をさまざまな生物から抜き出し、それが書き換わっていった変遷を、長い時間をかけてコンピュータで計算したのです。

その結果わかったことは、真核生物は「もともと古細菌のカテゴリーに含まれ、古細菌から枝分かれしてきた」といっても過言ではないという驚きの事実でした（193ページの図をご覧ください)。

そもそも真核生物は長い間、原核生物と区別され、進化の流れも起源も不明とされてきたのですが、それは真核生物しかもっていない特殊な「設計図」のページが、たくさんあったからなのです。しかし、その特殊性がいかにしてつくられたのかは長年の謎でした。

ところが、最近になって、「メタジェノミクス」という最新の研究手法によって、新たなことがわかってきました。

実は、**真核生物の「特殊とされてきた設計図」と同じものをもつ生物が、古細菌の中にたくさんいた**のです。

ちなみに、メタジェノミクスの研究では、DNAだけを泥から抽出します。

泥の中にはいろいろな微生物がいるため、それらを生物として採取するのではなく、泥ごと採取して、DNAだけを抜き出すことができます。

そのDNAの遺伝情報を解読すれば、それが古細菌のものなのか、真正細菌なのか判断できるというわけです(技術の進歩によって、そんなことができてしまうようになったんです)。

こうしてもち主が判明した設計図をさらに詳しく調べたところ、古細菌の設計図

泥の中から
DNAだけ抜き出す!?
そんなことできるの!?

にもかかわらず、真核生物しかもっていないはずのページをたくさんもっているものがあるとわかりました。つまり、真核生物へと進化していく準備が古細菌という原核生物の段階で、すでにできていたのでしょう。

なぜ、この事実が今になってわかったのかといえば、これまではこのDNAをもつ古細菌を生き物として採取できなかったからです。

最近になって深い深い海底の泥を調査し、メタジェノミクスにより生物そのものが採取できなくても研究できるようになったからこそ明らかになってきた新事実です。

真核生物へと進化する前段階の生物は、もともと古細菌の仲間でした。それが、何かの拍子で今生きているわれわれのような真核生物に変化したと考えられるのです。

ここで、一つの疑問が浮上します。

「何かの拍子」とは、いったい何だったのでしょう？

彼らに何が起きたのでしょうか。

生物は合体しながら進化してきた！

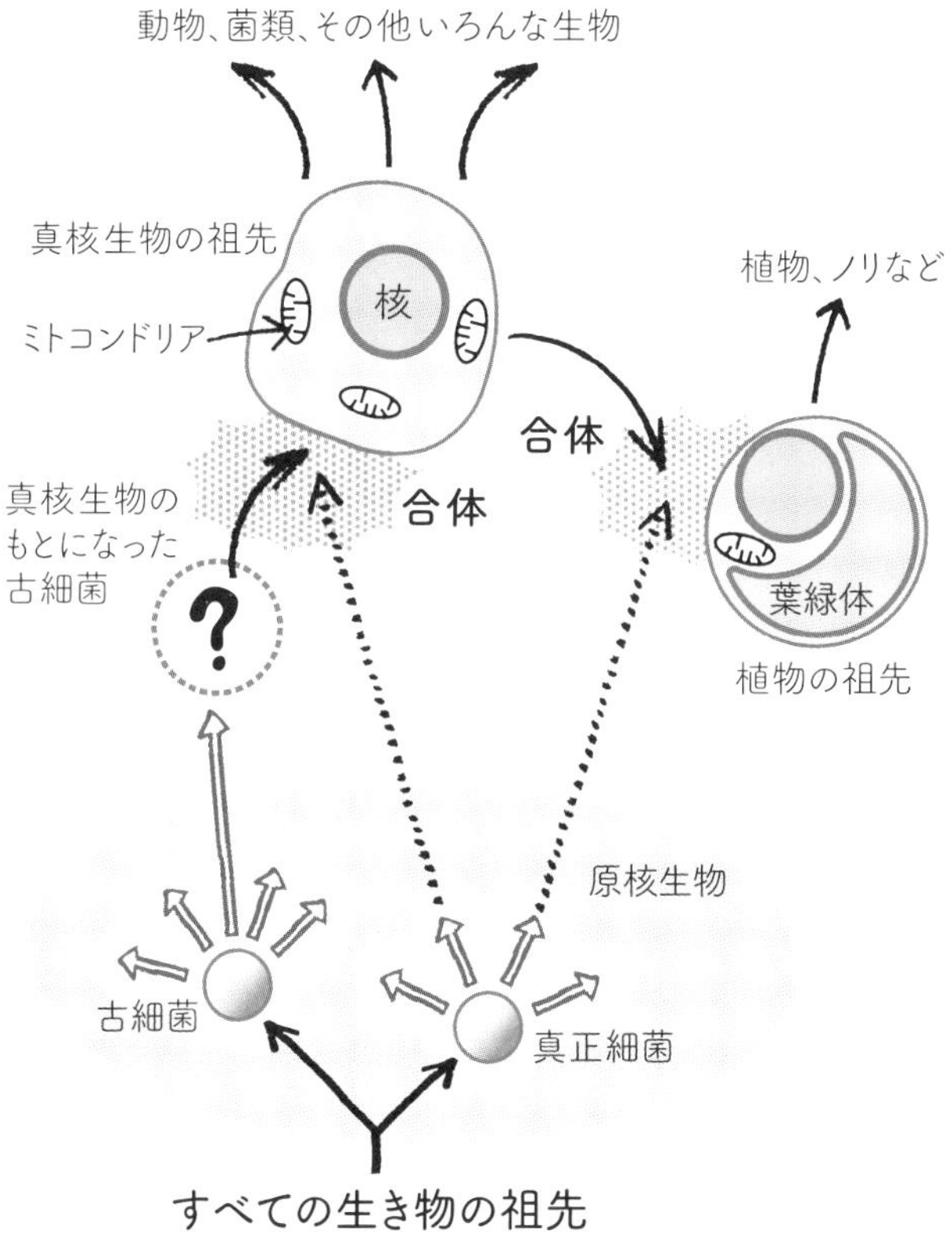

「1+1=1」

真核生物へと変化するポテンシャルをもった古細菌の仲間の何かに、いったい何が起こったのか。

重要なポイントは、ミトコンドリアなどの多くのパーツが真核生物の中にしか存在しないという事実です。原核生物はミトコンドリアをもちません。ミトコンドリアのように、真核生物がもつ細胞内の構造のことを**「オルガネラ」**と呼びます。

冒頭の183ページの図の中にも、さりげなく登場していたミトコンドリア。ミトコンドリアは酸素と糖を使って生きるためのエネルギーをつくってくれる、いわば細胞の中の「エネルギー工場」のような働きを主に担っています。

結論から言えば、一番最初の真核生物がどのような姿であったのか、また何がきっかけで真核生物になったのかははっきりとわかっていません。有名な仮説の一つを紹介すると、原核生物のもう一つのグループである真正細菌が、なんらかの古細菌から生まれた細胞に入り込んだことによって、真核生物は誕生しました（193ページの図を参照）。

このニつの生物の合体現象によって真正細菌から生まれたのが「ミトコンドリア」です。

そして、進化の過程を踏まえて考えれば、**真核生物はミトコンドリアというエネルギー工場をみずからつくったのではなく、外からもち込んできて、奴隷のように飼っている**状態なのです。

ちなみに、一つの古細菌由来の細胞と、一つの真正細菌が合わさって、ミトコンドリアをもつ一つの真核生物が誕生するという「1＋1＝1」の図式を「細胞内共生」といいます。

この「1＋1＝1」は、著名なカナダ人研究者であるジョン・アーチボルド教授の細胞進化に関する書籍『One Plus One Equals One』（Oxford University Press、未邦訳）でもタイトルとして使われています。

数学的にはありえない式ですが、自然界においてはさほど珍しい現象ではありません。植物もまた同じ図式において誕生しました。真核生物である植物は、核やミトコンドリアをもち、光合成によって、糖や酸素など生きていくために必要なものを生み出します。植物が光合成を行なえるのは、細胞内に「葉緑体」をもっているからです。

えー!?
そしたらミトコンドリアは
もともと別の
生物だったのか!

植物はもともと光合成の能力をもっていたのだ、と考えている人も多いと思いますが、これはあとから獲得された能力です。葉緑体もまた、ミトコンドリア同様、植物が自力でつくったものではありません。では、植物はなぜ光合成ができるようになったのでしょう？

葉緑体ももともとは、ラン藻と呼ばれる真正細菌、つまり原核生物の仲間だったのです。植物の原型は、外から食べものを摂取していた単細胞の真核生物だったのですが、光合成をする原核生物であるラン藻《そう》を摂取したとき、なぜか消化せず細胞内に閉じ込めたことで、それ自身が光合成ができる生き物になってしまいました。

合わさることで強くなる、合体ロボみたいですね！

植物は、光合成ができる生き物を、細胞の中にとり込んで奴隷のように働かせることで、光合成を可能としているのです。このようなラン藻由来の葉緑体をもつものは、植物に加えて、植物に非常に近い関係にある緑藻《りょくそう》と呼ばれる藻類や、ノリの仲間である紅藻《こうそう》と呼ばれる藻類が含まれます。ちなみに藻類とは、光合成をする仲間のうち、草や木、コケ以外のものを指します。

葉緑体（クロロプラストとも呼ばれる）も
よそから持ってきた
別の生物だったんやね。

理科の実験でみなさんになじみのゾウリムシにも、藻類を体の中に閉じ込めている仲間がいます。**食べてもすべては消化せず、一部をそのまま閉じ込めて細胞内で光合成をしてもらい、生み出されたエネルギーを分けてもらう**のです。この結果、このゾウリムシの仲間は光さえあれば餌のない密閉容器の中でも長期間生き続けることができます（！）。

このゾウリムシの仲間も藻類もそれぞれ単独で生きていくことができることが知られています。そのため、まだ細胞内の藻類はオルガネラになったとはいえませんが、これもある種の「1＋1＝1」現象でしょう。

閉じ込められたかわいそうな藻類たち……。

意外とズルがしこいゾウリムシの仲間……。

このゾウリムシの仲間の立場から言えばとても理にかなった行動ですが、なぜ藻類たちがひどい扱われ方を甘んじて受け入れているのかは、まだ正確にはわかっていません。ゾウリムシの仲間から栄養をもらっているとも、藻類を殺すウイルスから身を守ってもらっているともいわれています。

また「1＋1＝1」現象は、細胞の中だけで起こるものではありません。

もし桜の木が身近にあるなら、ぜひじっくり観察してみてください。木の表面にカビの

一度閉じ込められた藻類は
もう自力で外には出られないんだって
……怖っ……！

ような薄い緑色のものが、ベッタリとくっついていることがあります。

これは、地衣類《ちいるい》と呼ばれるもので、カビが藻類の細胞をガッチリと捕まえている状態です。カビと藻類が桜の表面で共生しているのです。

動物においても、共生現象は見られます。

以前、京大の総合人間学部に在籍されている西川完途《にしかわかんと》先生、宮下英明《みやしたひであき》先生らと協力して、クロサンショウウオという両生類の卵を研究しました。

両生類の卵はたいてい透明なゼリー状のものに包まれているのですが、クロサンショウウオの卵の一部に、ゼリーが緑色のものがあるのです。そこで緑色の卵を詳しく調べたところ、そのゼリーの中には、緑色の小さな粒がたくさん見つかりました。

これが藻類だったのです。

なぜ藻類の共生が起こるのかは、アメリカのサンショウウオによる研究で判明しました。

両生類の赤ちゃんは、卵の中でおしっこをします。アンモニアが大好きな藻類は、これをありがたくいただくために、卵に近寄ってきます。そして、**アンモニアのお礼とばかりに、光合成をして酸素を赤ちゃんに提供する**のです。想像するとかわいいですね。せっせと光合成をして、律儀に赤ちゃんにお礼のプレゼントをあげる藻類くんたちです。

ただし、日本のクロサンショウウオでの実験はまだ行なっていないため、クロサンショウウオの卵と藻類とが、これとまったく同じ共生関係を築いているかどうかについては、今後の研究が明らかにしてくれるでしょう。

目に見えないけど存在している生き物たち

このように共生によって、真核生物や植物は誕生し、さらに生物の多様性が生み出されていることがわかりました。

そこで考えてみたいのは、私たちが「真核生物全体の多様性」をどう理解したらいいのかということです。

生物の多様性に着目し、理解しようと考えたのは、昔の人たちも同じです。

一九六九年、生物学者のロバート・ホイタッカーが、生物をシンプルに分類して理解するための「五界説《ごかいせつ》」を提唱しました（２０１ページの図をご覧ください）。

それ以前にも生き物を分類する方法はあったのですが、そもそも生物学は博物学から派生した学問であり、「地球」という大規模な存在を理解しようとする研究の一部でした。

ですから、生物の認識は「動物か、植物か」という程度の、ひどく大ざっぱなものにすぎなかったところから出発したのです。菌類であるキノコはその昔、植物に分類されていました。

しかし、二種類ではカテゴライズしきれない、不十分だということで、その多様性を理解するためにいくつかの分類体系が提唱されてきたのですが、そのうちの一つが「五界説」でした。

ただ、ホイタッカーが提唱した分類も、結局は多様性を表現しきれず、もはや使われなくなってしまいました。193ページの図で示したように、「原核生物」とは一つのまとまったグループではないことからも五界説が生物の多様性を表すのに十分でないことがわかります。

また、ホイタッカーの五界説では、植物・菌類といった生物にまとめられていたいくつかの生物も、現在では植物でも菌類でもないグループにまとめられることがわかっています。現在の真核生物の多様性を表すために使われている系統樹が203ページの図です。

パッと見てなじみがあるグループは、四角で囲った菌類、植物、動物くらいでしょうか。それもそのはずで、人間がふだん目にするのは、動物か植物、それから昆虫くらいのものです。菌類であれば、食卓に並ぶキノコや、お風呂に生えるカビなど、日常の中に存在

ホイタッカーの「五界説」

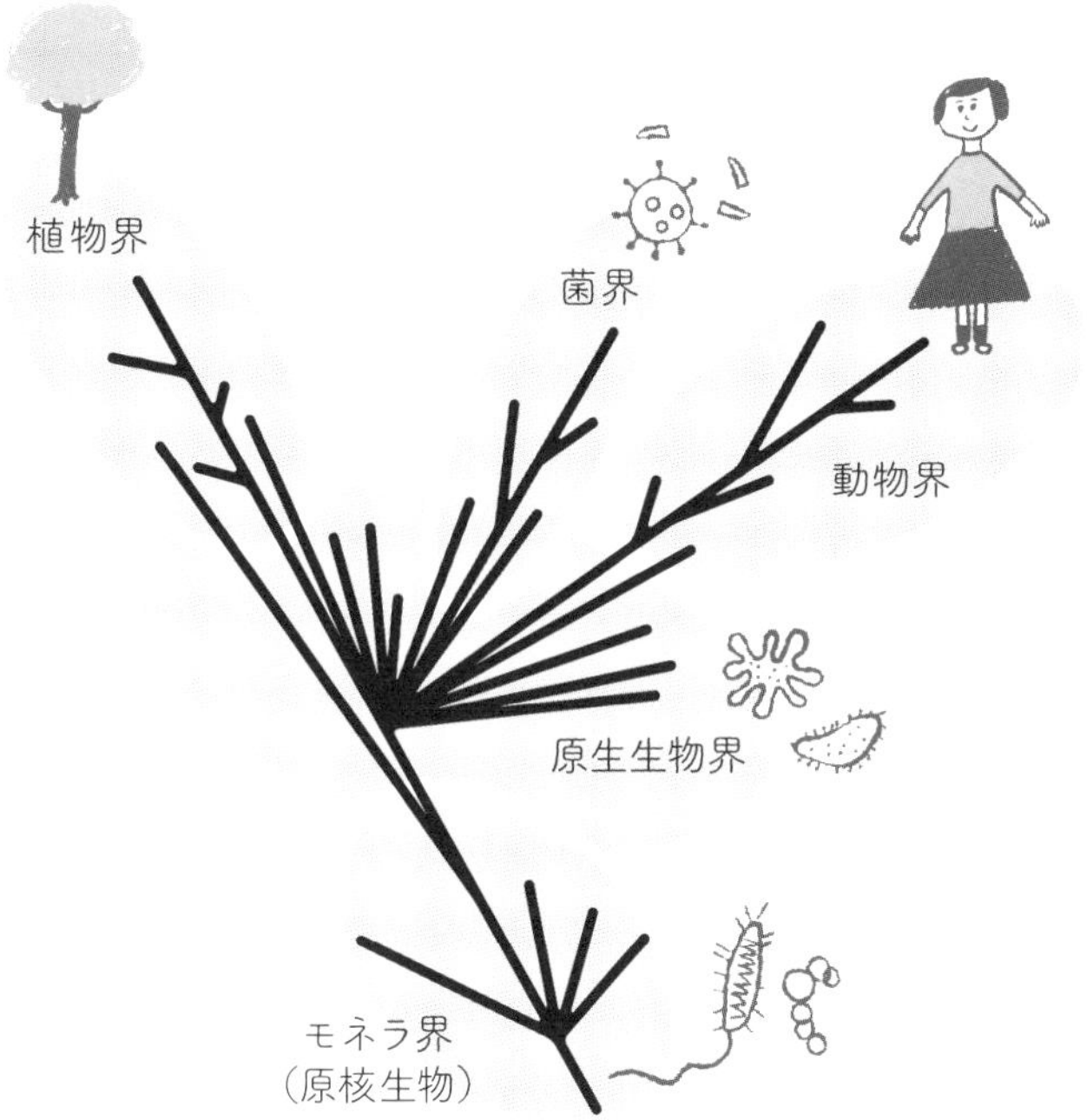
植物界
菌界
動物界
原生生物界
モネラ界
（原核生物）

この五界説を学校で習った人も
いるかもしれないけど、
実は今の科学ではすでに古くなった
学説なんだ。

を意識していますが、その他の顕微鏡で見なければわからないような小さな生物をよく見知っているのは、生物学者くらいでしょう。

そのような見慣れない小さな生き物たちこそ「原生生物」と呼ばれる、ヒトと同じく真核生物ではあるものの、動物でもなく植物でもなく菌類でもない単細胞の生き物たちです。

この小さい原生生物たちは、あちこちに、無数に存在します。

たとえば海水をコップ一杯くんできて、顕微鏡で調べてみれば、それはもう素晴らしい原生生物の世界が広がっています。

海で泳いでいるとき、うっかり海水を飲んでしまおうものなら、お腹の中には何千、何万という数の原生生物がうようよ漂う事態になるわけです。そのような目に見えない小さな生物が、真核生物の多様性の大部分を担っているのです。

もっとも、小さく目に見えない生き物たちを研究するのは、ものすごく困難。私たちはあまりにも、この小さな生き物たちを理解できていないからです。

それに、すでに理解したものとして、左ページの図のようにグループ分けされている生物たちがありますが、研究が進むほどに、実は全然違うグループであったと判明することは日常茶飯事です。

生物の世界はまだまだわからないことだらけで、生物に関する知識・認識は、日々変化

（とりあえず）2019年現在最新版の系統樹

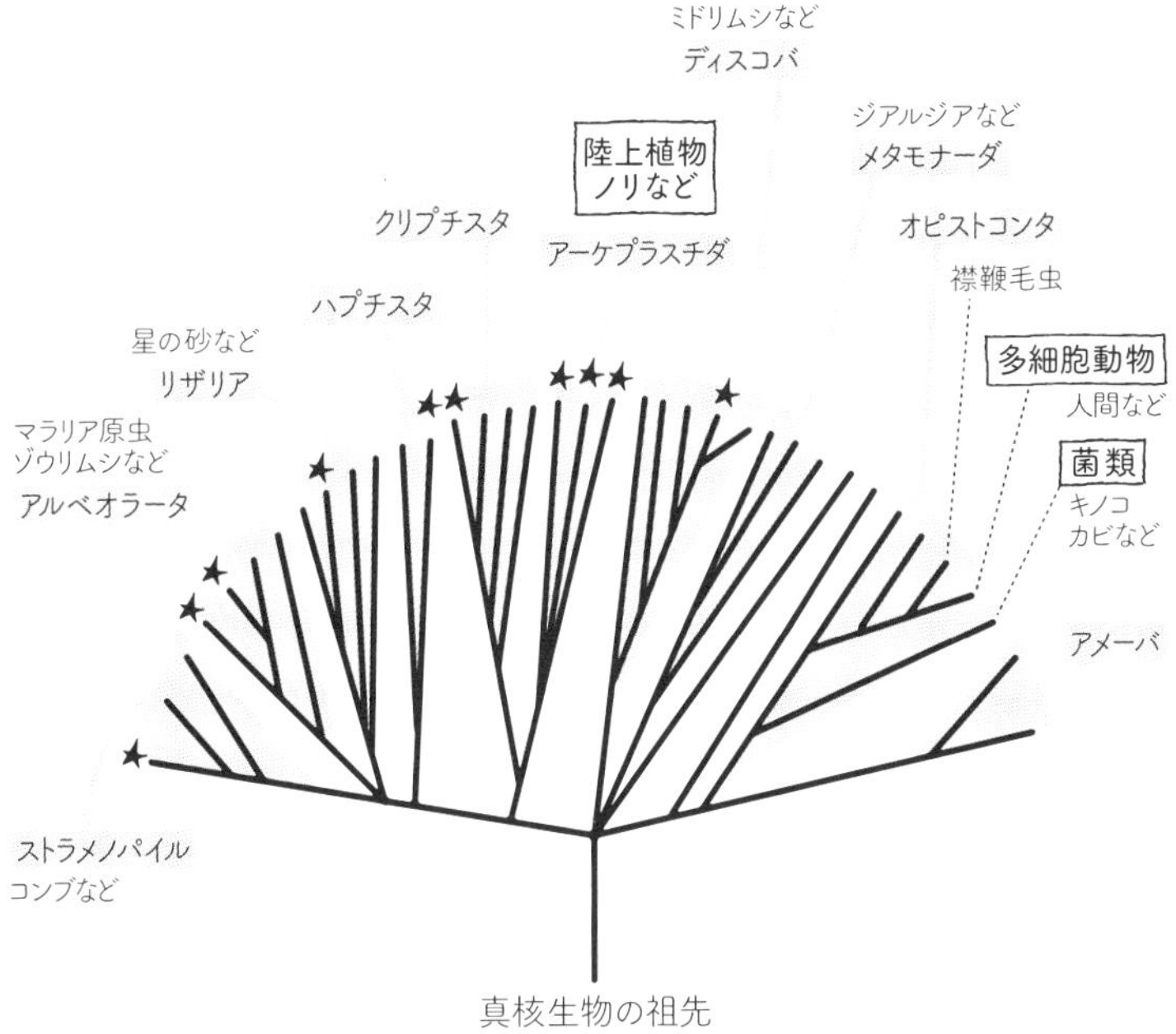

★＝光合成を行なう仲間

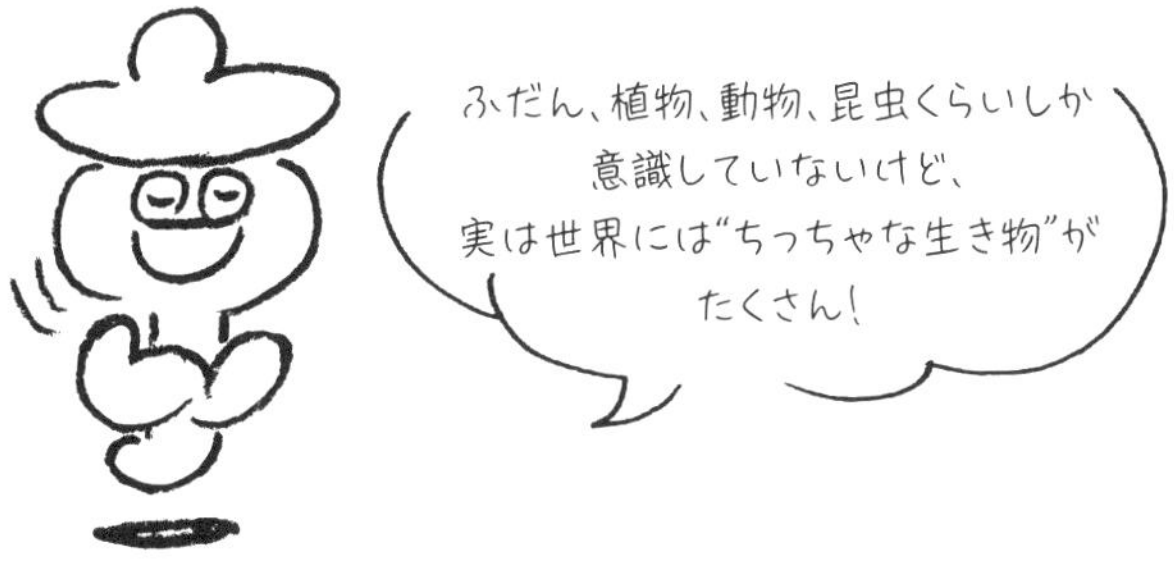

しています。

つまり、私がここで生物の多様性や、生物の進化を語ることは、とても勇気がいることだと言えます。なぜなら、この本を読み終えた瞬間に、私がまことしやかに語ったことが、すべて訂正されてしまっている未来がないとは言えないからです。

「あいつが言っていたことと違うじゃないか」と、みなさんを混乱させてしまう可能性と、隣り合わせということ。そうなれば私は「訂正します」と公式に発表することになるでしょう。

しかし生物の多様性についての学問というのは、そうして三歩進んで（発見して）、二歩下がる（訂正する）ように、少しずつ正しい理解を進めていくものなのですね。

人間とカビはわりと似ている

さて、もう一度、203ページの系統樹に戻ってみましょう。細かく見ていくと、いろいろなことに気づきます。

たとえば、「菌類」と「多細胞動物」はかなり近いところに位置しています。これが意味するのは、系統樹で見るかぎり、両者はそこそこ似通っているということなのです。

読者のみなさん、カビのことをどう思っていますか？　お風呂にカビがわいたらどうしますか？　即刻、タワシとカビ取り剤でゴシゴシ落としますよね？　自分たち人間とは、まったく別モノだと思っていたでしょう？

カビは菌類の一種です（日本語で〝菌〟とついていても、カビは真核生物。前述したとおり、原核生物であるばい菌・細菌たちとはまったく違う生き物ですよ）。

系統樹が示すのは、植物よりもカビのほうが、ずっと私たちに近い存在だということなのです。

なんだか急にお風呂のカビくんたちに愛情がわいてきませんか？

動物の仲間、つまり多細胞生物に一番近いところにいるのは、なんと単細胞生物の「襟《えり》鞭毛虫類《べんもうちゅうるい》」とその仲間です（203ページの図を参照）。名前にあるとおり、細胞に襟のように見える部分をもっているのが特徴です。

このグループの生物たちが学問上注目される理由は、単細胞生物でありながら、多細胞動物と似通った性質をもっているからです。

襟鞭毛虫類は、ふだんは単細胞で生活していますが、あるとき集まって群体（コロニー）をつくります。またあるときは、速く泳ぐために襟を落とした細胞や、接着専用の構造をもつ細胞も現われます。これが、多細胞生物が場所や役割ごとに細胞の形を変える性質の原型ではないか、という説もあるのです。

たとえば、人間の体にある神経細胞と筋肉細胞は、形も役割もまったく違っています。神経細胞は体内で情報を伝達、処理する役割を担っています。筋肉細胞は、自在に伸び縮みし、体を動かす役割に特化しています。動物などの多細胞生物が誕生する過程で、そのように分化していったのですね。

つまり、**細胞が特定の場所に集まり特定の役割を果たすために、形態や機能の変化を起こす現象が、襟鞭毛虫類のコロニーを形成したり、襟を落としたりする現象と重なる**わけです。

さらに襟鞭毛虫類は、多細胞生物だからこそ役立つ設計図を、単細胞なのにもっていることがわかっています。多細胞生物は多細胞になるときに急にいろいろとできるようになったのではなくて、単細胞のころからすでに準備ができていたということかもしれないですね。

このようにして生物全体を見渡してみると、われわれの社会が生物に対して認識している「多様性」というものは、ごくごく一部だということに気づくのです。多様性があると言いながらも、私たちはその一端さえ理解できていないのかもしれません。

本書が刊行された二〇一九年の最新版の系統樹が、真核生物全体の多様性を網羅できているかというと、決してそうではありません。この先も、私たちがまだ知らない生物たちが次々に発見されるはずです。

私たちが確実に知っているのは「まだすべてを知らない」ということだけです。できることは、ただひたすらに研究を続けていくことしかありません。

「ちゃっかり者」のミドリムシ

さて、先ほど「共生」についてお話ししたとき、何度も登場した植物の「葉緑体」ですが、実は他にも葉緑体をもつものがいます。

植物ではないのに、ちゃっかり葉緑体をもっているヤツらなのです（２０３ページの図の★をご覧ください）。よく知られているものとしては、たとえば食卓で目にするコンブやワカメ、そしてミドリムシです。

色素や細胞の構造からノリとコンブ（あるいはワカメ）は違う仲間に分類される。

コンブやワカメは海を漂う葉っぱのような形をしています。ノリの仲間かと思う人もいるかもしれませんが、まったく違う生物です。そしてミドリムシは単細胞生物のちっちゃな生き物です。どれも植物とはまったく異なる仲間なのに、光合成をして生きています。

先に出てきた植物の中の葉緑体は、ラン藻という真正細菌由来のものでした。

一方、ミドリムシなどは、モノを食べていた真核生物の細胞に単細胞の植物の仲間が飛び込み、あたかも共食いするかのようにして合体したことで、新たな藻類として誕生したと考えられています。その結果誕生したのが、ミドリムシであり、われわれの食卓になじみ深いコンブやワカメなのです（211ページの図をご参照ください）。

また、203ページの図からわかるとおり、藻類といっても一つのグループにまとめて分類されるわけではないという点からも、生物の多様性が垣間見《かいま》えるでしょう。

恐怖！　植物が「殺人鬼」に豹変

もう一つ、系統樹において注目したいのが「マラリア原虫」の仲間です。

名前のとおり、これはマラリアと呼ばれる病気の原因となる生物です。今もマラリアが猛威をふるっている国は世界中——とくに赤道近くの熱帯・亜熱帯地域——に九〇カ国以上存在し、社会的な脅威になっています。世界保健機関（WHO）の発表によると二〇一六年の統計では、二億人以上が感染し、四〇万人以上を死にいたらしめました。

大量の人間を殺しているマラリア原虫とは、いったい何者なのか。

なんと、**もともとは植物と同じように光合成をして生きている藻類だった**のです（211ページの図を見てくださいね）。

マラリア原虫の細胞の中に、葉緑体の痕跡が残っていることから、それがわかっています。葉緑体の残骸《ざんがい》はすでに光合成をしていないのですが、一方で、一般的な葉緑体が行なっている光合成以外の働きは、今でも一部だけ続けています。

いったいなぜ光合成をやめてしまったのか——。

その謎はいまだ解明されていません。

ただわかっているのは、**かつて植物のように生きていたマラリア原虫が、ある日、光合成をするのをやめ、寄生虫に変貌して、人間を殺しはじめた**ということなのです（いやはや怖すぎますね……）。

光合成をやめて別の生き方を選択した生物は、マラリア原虫だけではありません。ほとんどすべての光合成をするグループには、マラリア原虫と同じようにして、それまでの光合成という一見便利な生き方を捨てて、モノを飲んだり食べたり寄生したりするようになった生物が含まれているのです。

なぜその選択をしたのか、ぜひ彼らに聞いてみたいところですが、今のところそれは叶いません。

しかし、想像することはできます。

おそらく、彼らは食べ物に困らない環境にいたのでしょう。たとえば、葉が枯れたり、虫が死んだりして水に落ちれば、腐ります。「腐る」という現象において起こっているのは、生き物から栄養分が流れ出たり、成分が水に溶け出したりすることです。要するに、そこは栄養たっぷりな環境だということ。

栄養が何もないところであれば太陽の光を浴びるだけで栄養を補給できる光合成はとても便利ですが、まわりに十分な栄養があるのなら、そちらから補給したほうがかえって楽でしょう。

同様に、マラリア原虫も、どこかの段階で人間に寄生して栄養を吸い尽くしたほうが「あ、コレ、楽じゃない？」と気づいちゃったのかもしれません。

要するに、**環境が、生物の生き方や生物そのものを変える進化を引き起こしてしまった**と考えられるのです。

光合成の能力を身につけたり……
光合成をやめてみたり……

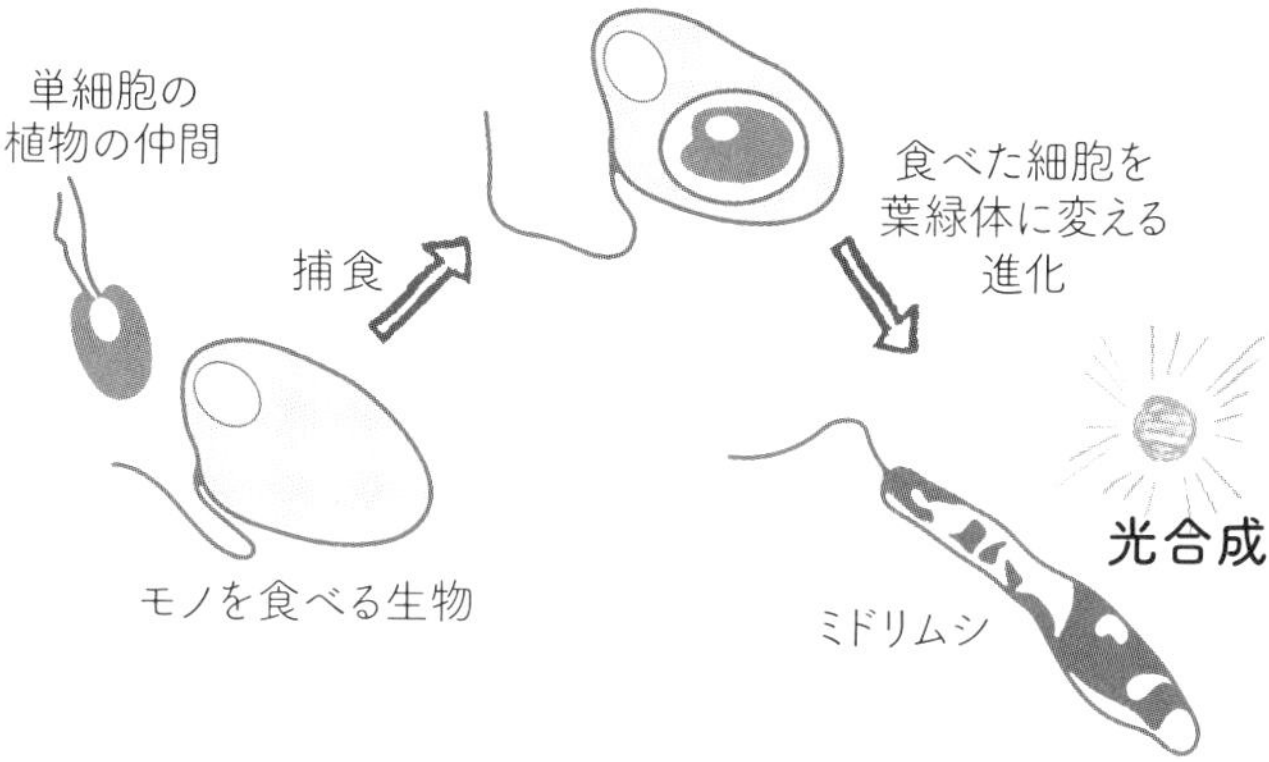

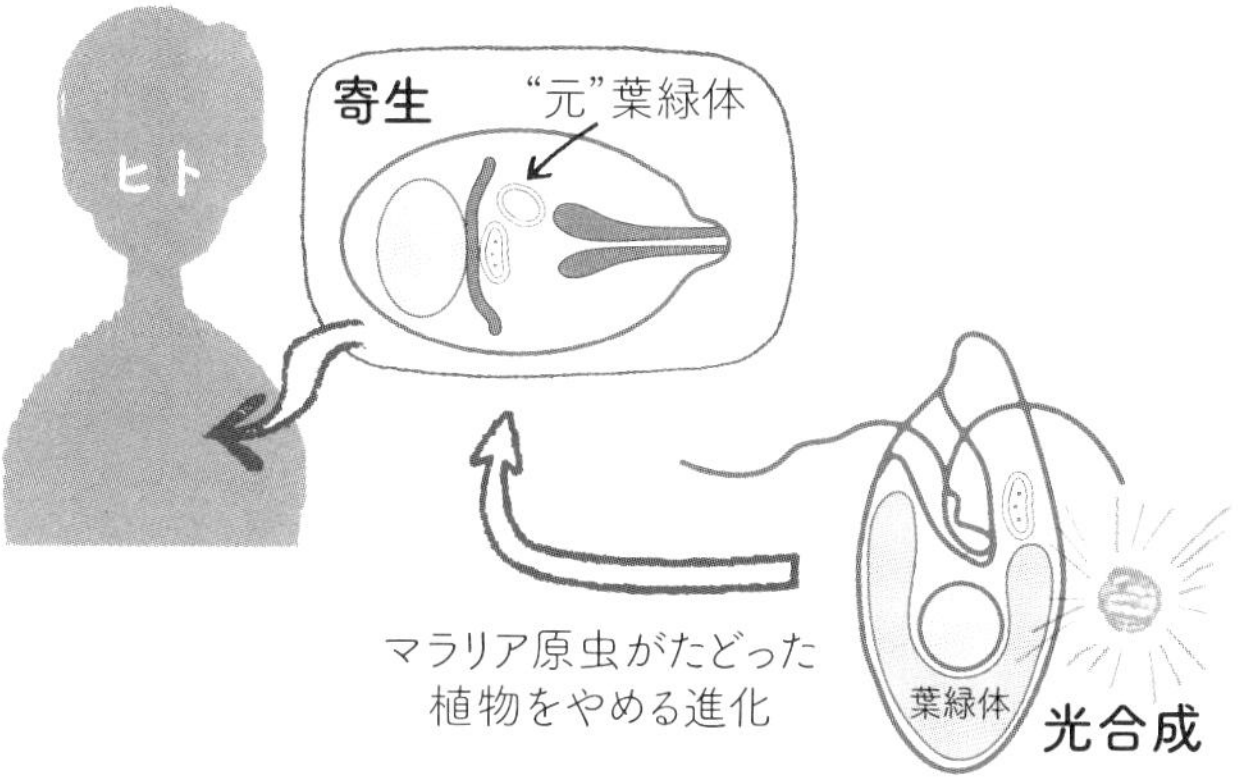

人間にとってはとんでもない災難ですが……。

一生かかってもできないこと

さて、ここまで真核生物の誕生や進化、多様化についてお話ししてきました。

これらはすべて自然現象です。そして、自然現象を人間がどうとらえ、分類していったのかという歴史は、結局のところ混乱と、変遷《へんせん》と、訂正の連続でした。

「五界説」以前にも、真核生物の分類についてさまざまな説が存在しました。多くの学者たちが、どうにかして真核生物をうまい具合にカテゴライズし、なるべくシンプルに理解できないものかと、知恵を絞り、あの手この手を試したのです。

それらはしかし、ときには別の説にくつがえされたり、ときには間違いが発覚して訂正しなければならなくなったりと、「五界説」を含め、ことごとく悲しい結末を迎えてしまうことになりました。

結局のところ、人はカテゴライズせずにはいられないけれど、スッキリ正確に分類できることなど、世の中にはそうそうないのです。

自然界で起きていることも、人と人の間で起こる感情や出来事であっても、すべてを把握しカテゴライズすることは、至難の業《わざ》です。

生き物にレッテルを張って分類できれば、シンプルに理解できる——人間はそうであったほうが安心するのでしょう。

ちょっと話は飛びますが、多くの人が会社の中での肩書を重視したり、所属をはっきりさせたがったりするのも、根っこにある心理は同じもののように思います。

学問の場合は、理解したいという欲求が、カテゴライズしてやろうとする動機につながります。

しかし、生物たちをなんとかグルーピングしようと研究すればするほど、**「生き物が多様すぎる、例外が多すぎる」「これまでにわかっていること、少なすぎる」「自然界、めちゃくちゃすぎる」「いきなりブッ飛んだ変な生き物が発見されたりしすぎる」**という現実に直面します。

カテゴライズすることに挑戦するも叶わなかった過去の偉人たちを知っているからこそ、「一生かかってもできないのかなあ……」と打ちひしがれながら、「でも、やりたい」という思いを捨てられず、私たち研究者は日夜、生き物をとってきては顕微鏡で観察し、ゲノムを解読し、コンピュータをあれこれいじって系統樹をつくり続けます。

しかし、最新の研究をもってしても、そのカテゴライズが正確であるとは言いきれません。

なぜなら、**私たちは、この地球上にどのような生物が、どれだけ生きているのかについて、まだ正確に把握できていない**からです。

わかっていないのに、やろうとしているのですから、間違いが起こるのは当然といえます。

ただ、逆に考えれば、今世の中に生きるすべてのものを知ることができたら、完璧なカテゴライズが可能になるかもしれないのです。わからないからできないということは、裏を返せば、わかればできることになります。

その瞬間に、いつか私自身が立ち会える可能性もゼロではない。

そう想像するのは、なんて夢のあることでしょう。

ヘンなヤツらにこそチャンスがある

くり返しになりますが、真核生物は私たちが想像しているより、はるかに多様で〝ヘン〟です。先に出てきたように光合成ができる力があるのに、やめてしまうようなヤツらもいるのです。その他にも私たちの常識を超える生きざまを見せてくれる真核生物がいます。

たとえば、私たち人間は酸素を吸って生きています。それが当たり前の生活です。酸素がなければ生きられません。

しかし、人と同じ真核生物のカテゴリーにいる生物の中には、酸素を吸わずに生きることを選択したものたちが、かなりの数いるのです。

彼らは、泥の中であったり、海の底であったり、人が絶対に生きられない環境で生きています。「酸素がないところでしか生きられない」ということは、人間の観点から考えればどことなく日陰者の印象ですが、そもそも地球上には、酸素がないところなど山ほどあります。

彼ら目線でいえば、酸素があるところで生活している私たち人間などは「めちゃくちゃ変わってる」のかもしれません。

そう考えると、酸素がない環境というのは、私たち人間にとっては「パラレル・ワールド」ですが、そこに住む者たちにとっては「それが普通」です。

このように、自然界の生物には多様な生き方が存在し、多様だからこそ地球上のさまざまな環境にも普遍的に生物が生きているのです。

一方で、われわれ人間の生き方も多様化しました。

かつては、高学歴・高収入こそ幸せの一本道のようにいわれました。でも今は、ガツガツ働いて出世を求めるよりも、趣味を楽しんだり、自分らしく生きたりすることのほうを重要視する人も多くなりましたね。

食も、趣味も、仕事の仕方も、家族のあり方も、人間関係の築き方も、さまざまなスタイルが存在します。ときには珍しいことをしたり、斬新な意見をもったりする人もいて、主流派の人たちからは〝変わり者〟のレッテルを張られてしまう人もいます。

同時に〝変わり者〟と呼ばれるからこそ、脚光を浴びる人もいます。

それは大きな自然の中で生きている人間もその他の生物たちも同じこと。

変わり者だからこそ、新しく生きる場所を見つけられる生き物がいます。

先の項で「共生」のお話をしてきましたが、まったく違う働きをもった〝変わり者〟同士が、補いあいながら、この世界をつくっているといっても過言ではありません。

誤解してほしくないのは、多くの人にとっての〝普通〟を否定しているわけではありません。普通に食事をし、普通に会話をし、普通に笑って、普通に寝て、普通に生きる。そんな普通も素晴らしいことです。

ただ一方で、生物学的に考えれば、「他の人たちと違っているから」といって後ろ向きになる理由もまたどこにもない。そう私は言いたいのです。

「あの人、変わってるよね」

と言われて、居心地の悪い思いをすることも、萎縮《いしゅく》する必要もありません。

だって、多くの生き物は、変わり者だからこそ超越的な進化をとげてきたということは、もうみなさんおわかりですね。

むしろ、他の多くの人が真似できない、とっておきのチャンスを手にしたのだと思ってください。**普通のカテゴリーには収まりきらない特別な生き方ができる**と、太鼓判を押されたのですから。

〝変人を喜べ！〟

生物学者としては、このキーワードをぜひ、みなさんの座右の銘《めい》にされることをオススメします。

KYOTO UNIVERSITY

神川先生の『常識を超える』ノート

- ▼細胞同士で合体すると、意外なパワーアップをはかることがある
- ▼生物学的にいうと、人間はわりとカビに近い
- ▼マラリア原虫は光合成をやめて、人間を殺すことを選んだ
- ▼地球上には、まだ発見されていない生き物がゴマンと存在する
- ▼〝変人〟のはみ出し者が進化のチャンスを得る

6

予測の教室

「ぼちぼち」という最強の生存戦略

——未来はわからないけど、なるようになっている

人間・環境学研究科 教授 地球物理学
酒井《さかい》 敏《さとし》

小学校のときから作文の宿題が出ると本気で熱を出して寝込むくらい、文章を読むのも書くのも大嫌い。なんで大学の教員をやっているのか自分でもわからない。

アーモンドはどこにある？

私の専門は「地球物理学」です。物理学といえば、「物事には必ず原因がある」という前提で、その因果律をたどっていく学問です。

それを使って「地球」を調べるのですが、やってみると精緻《せいち》な物理学をもってしても太刀《たち》打ちできない世界が現われてきます。

みなさん、世の中には「正しい」答えがあって、世の中の誰かがその「正しい」答えを知っていると思っていませんか？　よく「未来はこうなる！」「一〇年後の世界」といったテーマの本がベストセラーになっていますね？　先行きが見えないと不安になる気持ちは私もわかります。しかし研究者としては、人間の思うようにならない自然界を見ていると、「正しい答え」「未来の予言」ほど眉唾《まゆつば》で、疑ったほうがいいものはないと考えています。

「カオス」という言葉があります。日本語では「混沌《こんとん》」と訳されます。カオスという言葉を聞いて多くの人は、わけがわからないことが同時多発的に起こって制御不能になるようなイメージを抱かれるかもしれません。そして、カオスが起こらない世界が正しい世界だと思っているのではないでしょうか？

しかし、ちょっと違うのです。実は、われわれはカオスの中に生きています。

たとえば、パイを焼くというごく普通の日常生活の中に、カオスは潜んでいます。……というか、われわれはカオスに依存して生きています。いきなりどういうことかわからなくなった方もおられると思いますので、少しご説明してみましょう。

パイをつくるために小麦粉をこねるとき、どういう手順でこねますか？

ひとまず水分で粉をまとめたら、あとはたたいて、伸ばして、伸ばして、ある程度伸びたら、そこでたたんで、たたんで、小さくしてからまた伸ばす。

このように「伸ばしてたたむ」をくり返すことを**「パイこね変換」**と呼びます。

さて、ここで小麦粉の生地を伸ばしたところに、一粒のアーモンドを入れてみます。そして、パイこね変換してみましょう。伸ばして、たたんで、小さくして、また伸ばして。

さて、この段階でアーモンドがどこにあるのか、わかりますか？　このへんですか？　こっち側？　もしや、アーモンドがこつ然となくなるマジックではないかって？

いいえ、アーモンドは必ずどこかにあります。しかし、当てずっぽうでは見つかりませんよね。そこで、数式を使って計算してみましょう。

「計算できるの？」と疑問に思われそうですが、生地を伸ばして、アーモンドを入れる位置を決め、折りたたんだくらいまでは、だいだいどのあたりにアーモンドがあるかは計算でわかります。

この操作を図で表現してみましょう（左ページを見てください）。

まず、横軸にもともとのパイ生地の位置をとります。そして、星印（★）のところにアーモンドを入れたとしましょう。何か変形操作をしたあとのパイ生地の位置を縦軸にとります。

何も変形させなければ、縦軸と横軸は同じなので、（何もしないという）操作の前とあとで同じ位置ですから、グラフは四五度の線になります（図ａ）。

パイ生地を二倍の長さに伸ばしたとき、このグラフの傾きは大きくなって、図ｂのようになります。

さらに、これを折りたたむと図ｃのような三角屋根のようなグラフができます。このグラフから、最初に置いたアーモンド（横軸の星印）が、変形操作のあと、どこに行くか（縦軸の星印）がわかります。

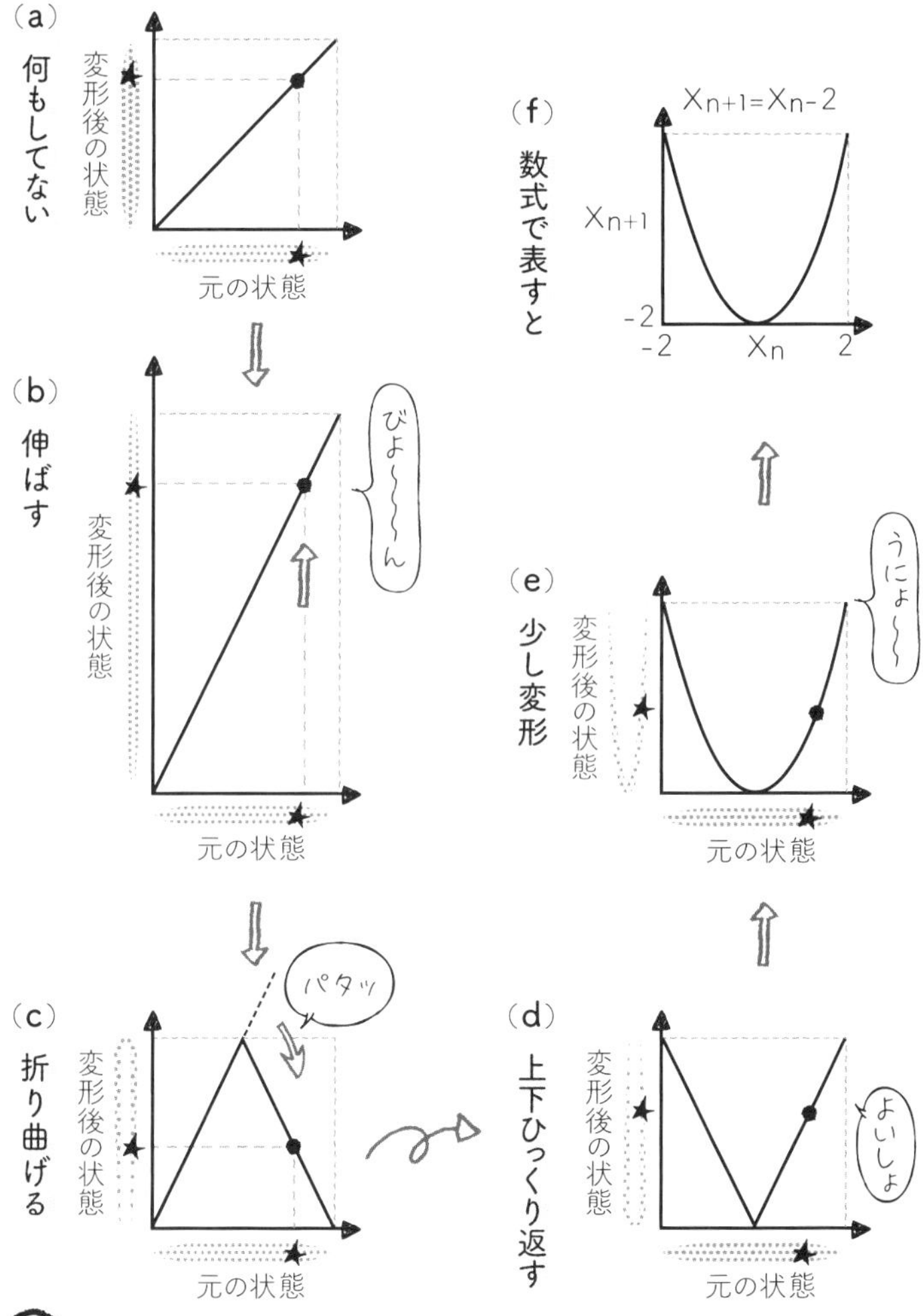
(a)
何もしてない
変形後の状態
元の状態
(b)
伸ばす
変形後の状態
元の状態
びよ〜〜〜ん
(c)
折り曲げる
変形後の状態
元の状態
パタッ
(d)
上下ひっくり返す
変形後の状態
元の状態
よいしょ
(e)
少し変形
変形後の状態
元の状態
うにょ〜〜
(f)
数式で表すと
Xn+1=Xn-2
Xn+1
Xn
-2
-2
2

アーモンドの位置が
放物線になるなんて
オモシロイなあ〜。

この折りたたまれたパイ生地をもう一度伸ばしてたたんだときに、アーモンドがどこに行くか、というのは、縦軸の折りたたまれたパイ生地を右九〇度回転させて横軸に置いて、先ほどと同じことをすればいいのです。

グラフ上でこのような操作をくり返すこともできますが、アーモンドの位置を計算機で計算することを考えてみましょう。

このグラフのままでもいいのですが、計算しやすいように、ちょっと変形します。まず縦軸をひっくり返すと、図dのようにV字型のグラフになります。これは変形の向きを変えただけで、やっていることは同じです。

さらに、V字のようにグラフのカクッとした折れ曲がりを計算で表現するのは少々面倒なので、ちょっと丸っこい形に変形します。（図e）

この場合、パイ生地の伸ばし方が場所によって少し変わりますが、これでも「折りたたむ」という動作をすることには変わりありません。

これを数式で表すと、次のようになります。

$$X_{n+1}=X_n^2-2$$

この数式が嫌いだとしても、とりあえずそういうものだと信じてください。この式に数字を当てはめれば、アーモンドの位置がわかるのです。

数式に「ウエッ」となった数字嫌いさんはここで立ち止まってしまうと話が進みませんから、「なるほど、そうなるのね」くらいに軽く受け止めてもらえれば大丈夫。この数式そのものはこの項目での本筋ではなく、さほど重要なポイントではありません。要するに、パイの生地を「伸ばして折りたたむ」という動作をくり返すということが重要です。

京大生にも、この数式がわからない学生はたくさんいます。安心してください。

さて、せっかくアーモンドの位置を割りだせる式が判明しているのですから、さっそく計算してみましょう！

初期値はなんでもいいのですが、とりあえずX_0＝1・33に設定して、計算していきます。初期値さえ決まれば、すべてのnについて値が決まります。これを六つの電卓で計算してみましょう。

電卓ですから、キーを押し間違いさえしなければ、六つとも同じ正しい結果を弾きだしてくれるはずですね。だから、六つもの電卓で計算する必要はないと思うでしょう？　でも、そういうバカなこともやってみるもんです。

電卓によっては「二乗のキー」がありませんが、二乗ができるテクニックが存在します。二乗したい数値を打ち込んだあと「×」「=」と打ち込めば、二乗された値が計算できるのです（たとえば、みなさんお持ちの電卓で1・33の二乗をしたいときは、「1・33」→「×」→「=」と順に打ち込んでみてください）。この数字から、「2」を引いて結果を出せば、求める値がわかります。

つまり、「×」「=」「二」「2」「=」という五つのキーを、くり返し打ち続けていくだけで、この式は計算可能なのです。

五つのキーをくり返したたくのですから、五拍子です。五拍子といえば『Take Five』（注：デイブ・ブルーベック・カルテットによるジャズの名曲です。ユーチューブで検索してみてください）しかありませんから、『Take Five』のリズムでたたきます。一小節で一回の計算ができることになります（この作業の動画はユーチューブで視聴することができます。https://youtu.be/AOebh1uhFdY）。

当然、最初はどの電卓も同じような値を出しますが、ワンコーラス、つまり三二回程度この計算をくり返すと、すべての電卓の値はバラバラになってしまいます。

たった三〇回ちょっとですよ。三〇回くらいくり返すだけで、どれが正しい数字なのか、すべての電卓の値は信用できなくなるのです。

電卓によって
数字がバラバラ!
えーっ! なんでー!?

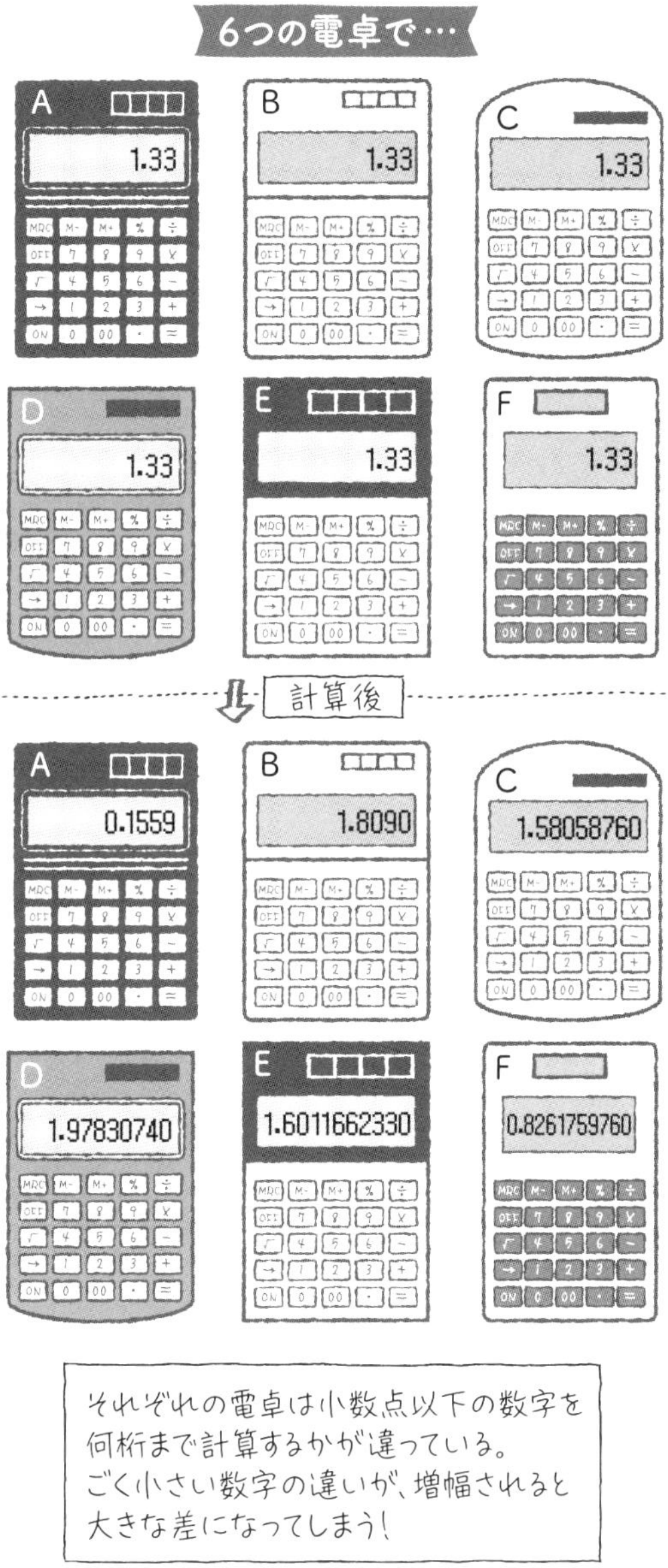
6つの電卓で…
A 1.33
B 1.33
C 1.33
D 1.33
E 1.33
F 1.33
計算後
A 0.1559
B 1.8090
C 1.58058760
D 1.97830740
E 1.6011662330
F 0.8261759760
それぞれの電卓は小数点以下の数字を
何桁まで計算するかが違っている。
ごく小さい数字の違いが、増幅されると
大きな差になってしまう!

実は、使った六つの電卓にはちょっとした違いがあります。表示される小数点以下の数字が四桁《けた》、八桁、一〇桁と桁数の違う電卓を二つずつ使いました。

さらに、表示できない桁の数字をどう扱うか（切り捨てるか、切り上げるか、四捨五入するか……など）は、電卓によって異なりますので、同じ桁数でも、微妙に結果が違います。

でも、その違いは四桁の電卓でも一万分の一以下ですし、一〇桁の電卓では一〇〇億分の一以下です。普通は、そんな小さな誤差はどうでもいいので、無視して計算しても問題ありません。

ところが、先ほどの計算では、**計算すればするほど、その小さな差が増幅されてどんどん誤差が開いていく**のです。

そして、最終的には、どの電卓の答えが正しいのかさえわからなくなってしまいます。

仮に、アーモンドだけでなくレーズンも一緒に食べたいからと、こねたパイ生地に二つとも混ぜ込んだとしましょう。入れるときには同じ場所（すぐ隣）に並べておいたとしても、伸ばして、たたんで、また伸ばせば、二つの距離は二倍になります。何度もこねれば、こねただけ、どんどん距離は開いていくでしょう。

同じところに入れたつもりが、どんどん離れていってしまい、どこに入っているかわからなくなる。これが、いわゆる典型的な**「カオス」**と呼ばれる現象なのです。

ここで、大事なのは、カオスが非常に特殊な条件で生まれるわけではないということです。カオスを生む数式もそんなに難しいものではありませんし、そもそも「パイの生地をこねる」というような、日常的な動作の中にカオスが潜んでいるということです。

なぜ天気予報は当たらないか

よく「お天気現象はカオスだ」といわれます。

天気予報というのは、最大でも一週間分しか予報できません。それ以上の予報を出しても当たらないのです。これを**「バタフライ効果」**といいます。

気象学者のエドワード・ローレンツが提唱した理論で、たとえば北京にチョウが一匹舞ったことで、ニューヨークに嵐が来るかどうかが決まる——という意味です。

チョウがフワッと飛んだことで生まれる、その羽根のやわらかな風圧が、めぐりめぐって将来、ニューヨークで嵐を巻き起こすまでに成長することがあるかもしれない。ほんの

エドワード・ローレンツ（1917-2008）
アメリカの気象学者。コンピュータを用いた気象シミュレーションの過程で、わずかな初期値の違いが、大きな結果の差をもたらすことを発見。

些細《ささい》な力学が、将来の大きな出来事に関係する。だから、天気のようなさまざまな事象が絡《から》みあった出来事は、正確に予想することはできないというわけ。

日本でも「風が吹けば桶屋《おけや》が儲かる」という表現がありますが、これは「カオス」を理解するためのうまい言い方です。ただし、実際に起こることは、必ずしも順序よく「桶屋が儲かる」ようになりません。

誇張ではなく、実際にこういったことが起こりうる、という考え方が「バタフライ効果」なのです。


ポイントは「誤差」にあります。

たとえば天気予報にしても、これだけ技術が発達しているのですから、最先端の技術の粋《すい》を集めれば、二週間分くらいならいけそうなもの。しかし、みなさんも実感されているとおり、実際のところはまったく実現できていません。

先の電卓の実験で、小数点以下が八桁分表示できる電卓は、四桁しか表示できない電卓に比べると、二倍の回数、ほぼ正しい値を計算することができました。

つまり、二倍の桁数があると、二倍がんばれるということ。

このことを踏まえるなら、一週間予報を二週間予報にしようとするなら、桁を二倍にしなければなりません。

たとえば一週間予報で、最高気温が「二六・三度」と予報されているのであれば、二週間予報では「二六・三二八九度」くらいまで計算する必要があります。

さらに、この気温を測るためには、みな息を止めなければなりません。バタフライ効果により、人が息をすれば、気温が変わってしまうからです。

さらに、二週間予報を出したあかつきには、みんなが予定どおりに息をし、予定どおりにくしゃみをしなければ、予報は狂ってしまいます。予定外に笑うのも禁止です。

そのくらいの小さな違いが、ひどく大きな変化を引き起こしますからね。

ナンセンスなたとえだと思われたかもしれませんが、「バタフライ効果」はがんばってどうにかなる問題ではない、ということがおわかりいただけるでしょうか。

どれだけ必死になっても、スーパーコンピュータを終日いじっても、この世はカオスからは逃れられないのです。

世にも不思議な図形

さて、カオスについては、ある程度のイメージを持っていただけたでしょうか。

この「カオス」と非常に密接に関係しているのが「フラクタル」です。フラクタルとは、**「モノの小さな〝部分〟が〝全体〟の形と酷似している」「図形全体が、その図形のいくつかの『縮小版』を組み合わせてできている」図形をいいます。**

わかりやすいように説明してみましょう。

左ページにパンダのイラスト（図1）があります。このイラストを半分の大きさに縮小したものを三枚並べたのが図2です。

一つのイラストは、元のイラストの四分の一の大きさになっていますから、三枚で元のイラストの面積の四分の三になります。少し小さくなったわけです。

同じ操作を、もう一度くり返したのが図3で、面積は元の四分の三が、さらに四分の三になり、ますます小さくなります。

よく考えれば、これはパイこね変換と似たようなことをしています。ある動作によって

シェルピンスキーのギャスケット

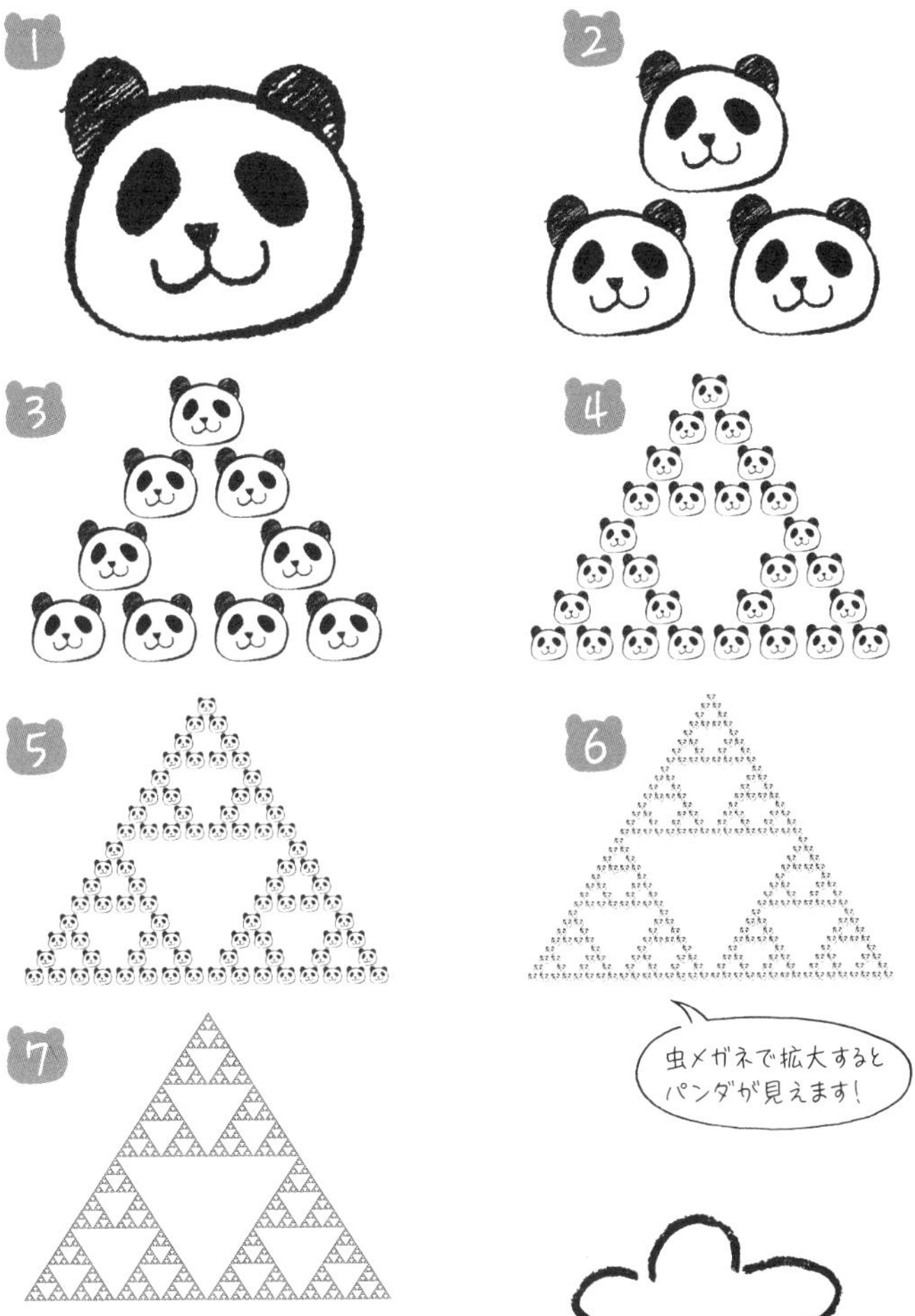
1
2
3
4
5
6
7
虫メガネで拡大すると
パンダが見えます！

パンダが無限に小さくなれば、
理論上は"見えなくなる"はずなのに、
なぜか図形ができる不思議!!

できたものに対して、同じ動作を、何度も何度もくり返すだけです。

さて、この「半分に縮小した画像（イラスト）を三つ並べる」という操作を無限にくり返していくと、いったいどうなるのでしょう？

計算上では、面積はどんどん小さくなっていくわけですから、最終的にはゼロになります。しかし、「抜け殻」が残るのです。無限に画像を張りつけ続けると、面積はかぎりなくゼロになるのに、何かスカスカした骨組みのような画像が残ってしまいます。それが図7ですね。これはどんな画像を使用しても最後は同じようなスカスカの図ができあがります。

これは「シェルピンスキーのギャスケット」といって、一〇〇年くらい前にヴァツワフ・シェルピンスキーという数学者が考えたものです。当時の数学者たちは、なぜそんな事態になるのか解明できず、これを「悪魔図形」と呼んだそうです。

しかし、悪魔でもなんでもありません。このような図形は、あらゆるところで見られます。

それを説明するために、同じようなことをもう一度やってみましょう。

先ほどと同じパンダのイラストを四つのパターンでコピーします（左ページを見てくださいね）。

パンダのフラクタル図形

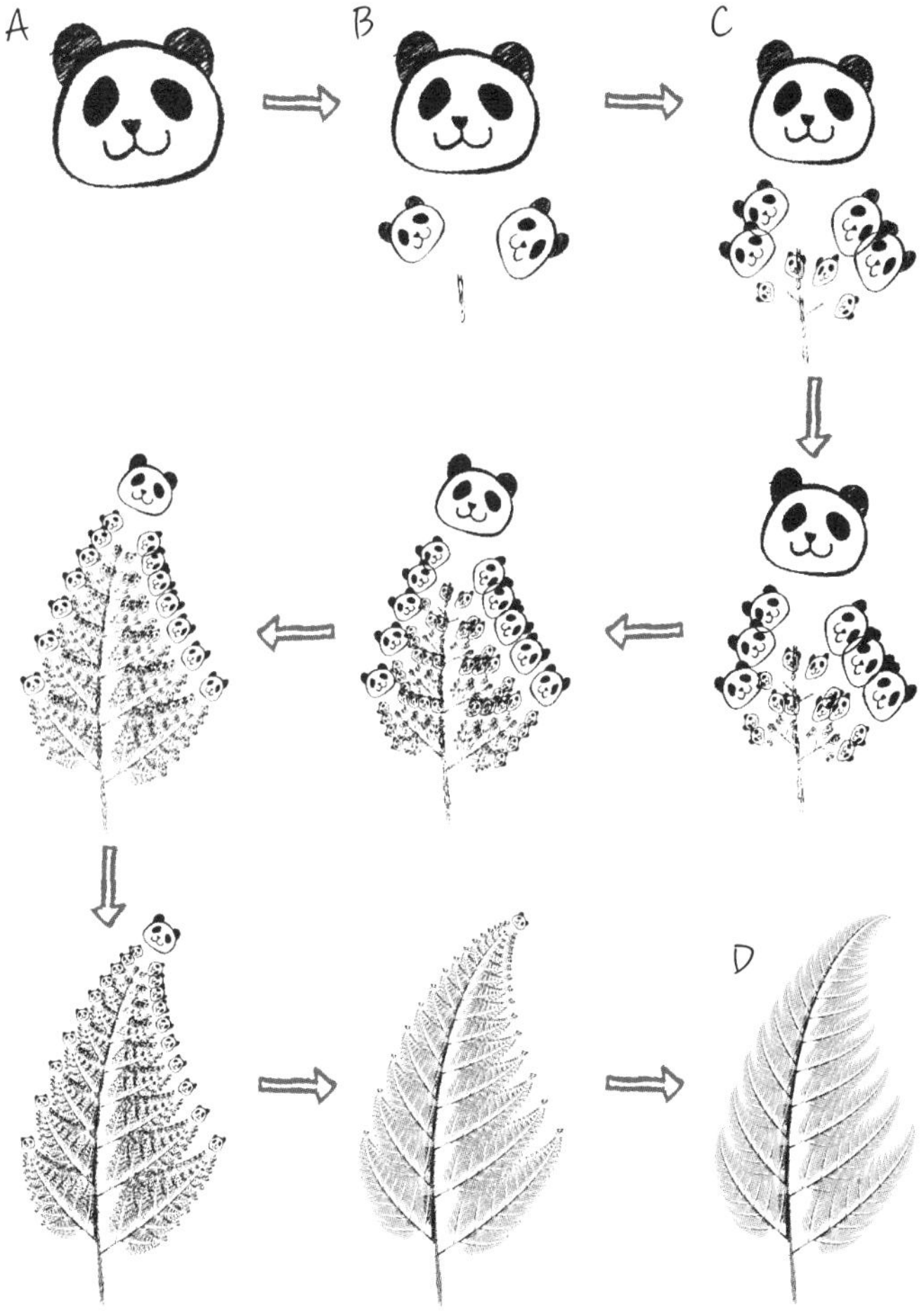

一つは少し小さくなったもの、それから右に傾いたものと、ちょっと左に傾いたもの。細長〜くやせ細ったもの。この四つを、図Bのように並べます。

さらにこの図を、さらに同じ四つのパターンでコピーし、同じやり方でどんどん並べていきます（図C）。

四匹のパンダが一六匹になり、六四匹になり、二五六匹になり、一〇二四匹になり……と、どんどんイラストを小さくして、数を増やしていくとき、できる形が図Dです。まるで葉っぱみたいな図ができましたね。これは世界人口を超える数のパンダからなる葉っぱです。

誰のどんな写真やイラストを使おうとも、このやり方でコピーをくり返せば、同じような形になりますよ。このような形に、数学者のブノワ・マンデルブロが「フラクタル」という名前をつけました。

マンデルブロによれば、**世の中は山も、雲も、海の中も小さな図形が集まって、大きな形を形成しており、「全体」と「部分」がかぎりなく同じ形をしている、この「フラクタル図形」は、あらゆるところに見られると言います。**

代表的なものだと、ブロッコリーとカリフラワーの仲間である「ロマネスコ」。小さな房が集まって、同じような大きな房を形成しています（241ページの写真参照）。

ブノワ・マンデルブロ（1924-2010）
フランスの数学者。部分と全体の「自己相似」の概念を研究。幾何学において大きな功績を残した。

樹木の枝もそうですね。木全体の形と、枝葉の伸び方は非常に似通っています。

地図上で複雑に入り組んだ「海岸線」なども拡大してみると、もとの海岸線ときわめて似通った図形が現われます。

このように同じ動作をくり返していったときに生まれる図形のことを「フラクタル図形」と呼びます。もちろん、悪魔呼ばわりされた「シェルピンスキーのギャスケット」も、フラクタル図形です。

フラクタルと天気予報

ところで、先に述べたように、フラクタルは天気予報のカオスとも関係しています。

昔は、下駄を飛ばして裏返ったら雨、表だったら晴れ、という「お天気占い」をしたものです（最近の子どもたちはやらないかもしれませんね）。

このやり方を応用して、たとえば小麦粉の玉を237ページのパンダめがけて投げ、鼻に当たったら晴れ、頰《ほお》に当たったら雨、あごに当たったらくもり、という占いをやってみましょう。

「全体」と「部分」が
似ているもの……
他にも探したらありそう!

明日の天気を占うには、パンダの顔が〝全面ドーン〟の画像にぶつければいいのですが、明後日の天気になってくると小さくなったパンダが四匹いる画像にぶつけるようなもの。明明後日はもっと小さくなった顔が一六匹並び、だんだん難しくなります。

一カ月先になると図Dのパンダを狙うようなものですが、顔に当てようにも、もはや顔が見えない。ズレるとかズレないとかいう問題ではなく、いくつもの顔全体に小麦粉の玉が当たり、晴れも雨もくもりもどれも、誤差範囲の中で、すべての可能性がある、ということになります。もはやなんでもありですから、予報になっていません。

だから、天気予報はせいぜい一週間分しかわからないのです。ずっと先のことまで予報しようとすると、大幅なズレが出てしまいます。

おそらく、ずっと先の天気までは予想できないだろうという感覚は、多くの人が持ち合わせているでしょう。しかし、物理学の知見からしても、その限界はみなさんが思っているよりずっと早い段階で訪れます。

「ごめん、未来のことはわかりません」

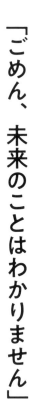

さて、このようにフラクタル図形は、世の中のいたるところに存在します。

左の写真はロマネスコの拡大ですが、実物を見ていただくとフラクタルの構造がよくわかると思います。

フラクタル図形の生みの親マンデルブロは、一九八二年にコンピュータを使って架空の山の絵を描きました。山肌がすべてフラクタルで構成されているのですが、一見するとまるで本物の山の写真と間違うほどリアルな絵でした。マンデルブロがその絵を発表した一九八二年当時、私たちがコンピュータを使って描ける絵として認知していたのは、インベーダーゲームのようなシンプルで機械的、細部がカクカクしたドット絵が限界。

© eyeblink／ForYourImages

　その時代に、フラクタルの考え方を使って肌理《きめ》がなめらかで自然な絵を描いた事実は、かなりの衝撃をもって受け止められました。そして、単純な規則にもとづくフラクタル図形として描かれた絵が、自然界にあっても不思議ではない風景に見えるということは、世の中がフラクタルで満ちていることを示唆《しさ》しています。

同じような動作をくり返していったときに、ものすごく似ているけれど、ちょっとずつズレながらくり返していく……というのは、自然界の一つの特徴なのです。

さて、ここまでで、自然界はカオスとフラクタルに満ちているということがわかりました。そこで導き出される結論は、**世の中はどうがんばっても予測できないものだ**、ということ。同じことをやっても、出てきた結果はちょっとずつズレていく。そうこうしながら、似ているけれど、ちょっとずつ違った全体を形成していくのが、この世界なのですから。

だから、ちまたの書店に並んでいる『一〇年後の未来を予測する！』といった本は、数学的にいうと、絶対にありえません。もし予測が実現したとしたら〝たまたま〟です。予測した人の分析能力が高かったわけではありません。

さて、以前なら私の講義はここで締めるのが定番だったのですが、一〇年ほど前、講義の最後に一人の学生からクレームが出ました。いわく、

「これだけいろんな話をしておいて、最後に『未来はわかりません』とは、どういうことですか？」……と。

現在の学問から判明していることからすると、

「わからないものはしょうがないよね」

というほかありません。

わからないなりに、ボチボチ対処するしかないのです。

しかし、人間にとって「わからない／予測がつかない」のは、非常に恐ろしいことです。だから彼は大学生になってたくさん勉強し、世の中のいろいろなしくみが見えはじめてようやく安心し、これからは、すべてを知ってかしこく生きていこうとしていたはずです。ところが、「それは無理だよ」と私がバッサリいったので、非常にガッカリしたようでした。

〝テキトー〟だから強い

しかし考えてみれば、生物は誕生して三五億年間、カオスな世の中を生きてきたのです。何が起こるかわからない怖い世界なのに、数々の災難を乗り越えて生命をつないできました。そんな危険な世界を、なぜ生きてこられたのか不思議ではありませんか？（恐怖に満ちた地球の歴史については、1章の小木曽先生のお話も、ぜひご参照ください）

その謎を解くカギが「複雑ネットワーク」という「つながり方」の概念です。

今、私たちが生きている集団の中での人間関係を考えてみましょう。

われわれが生きている現実の世界は、友だち関係も含めて、典型的にぐちゃぐちゃした、自然発生的な構造を持っています。そして、**この今、私たちが生きている現実のネットワークには「普通」という概念がありません。**

これは**「スケールフリー性を持ったネットワーク」**という言葉で定義することができます。つまり、「スケール（基準）」が「フリー（ない）」なのです。

「スケールフリー性を持ったネットワーク」の概念図

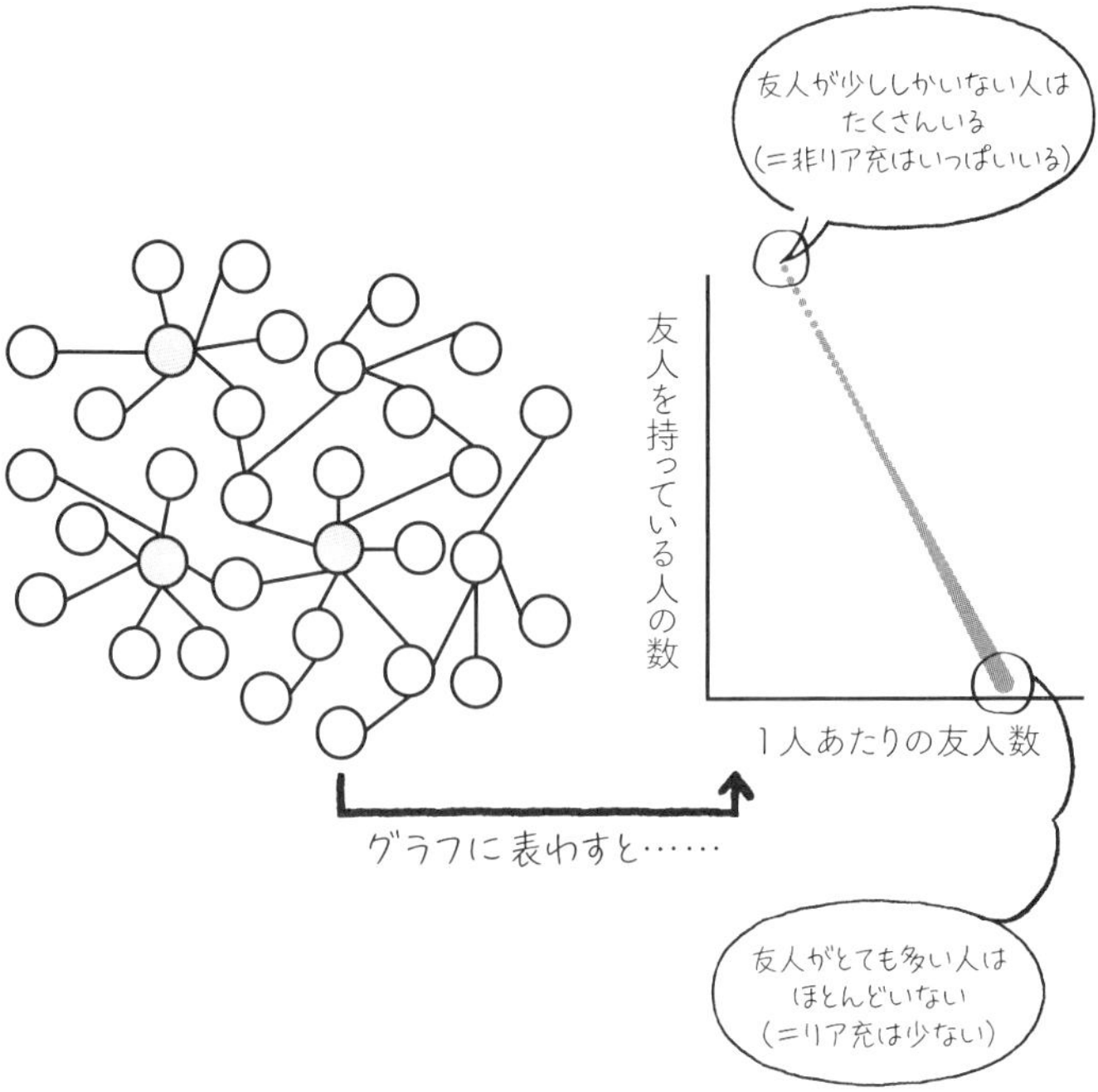

人間社会のネットワークは本来
「普通」という概念を持たない。
自分にそれほど友人がいなくても、
もっと友人が少ない人はたくさんいるので、
なんとなく安心できるバランスを保っている。

このネットワークの中では、もしあなたに**一〇人しか友だちがいなくても、一〇〇人の友だちがいても、つねにあなたより友だちが多いリア充より、さみしい非リア充の人のほうが、より圧倒的に多い**、ということが起こります。

つまり、つねに自分以外に自分より友だちが少ない人がいっぱいいるので、「まあ、なんとなく安心できちゃう」ということ。

さらに、それゆえに「私が多数派であなたが少数派」という明確なグループ分けが生まれないということ。

また、「友だちが〇人くらいいるのが普通だよね」という「普通の基準（スケール）」がどこにも存在しないのが特徴です。

さらに、このネットワークの中の大多数の人は、たいした数の友だちがいませんが（ほとんどは非リア充なのです……）、「めちゃくちゃ友だちの数が多い」という「リア充の頂点」のような人が、まれに現われます。

ことほど左様に、世の中やたらと不平等な偏りがあるものの、その中で絶妙に平和なバランスを保っているわけで、それが自然な状態であると言えます。

ここで重要なのは、この「スケールフリー性を持ったネットワーク」というのは、フラ

「スケールフリー性を持ったネットワーク」では
6人の友だちを介すると、
世界中の人と友だちになれる
といわれるよ！

クタル図形の基本的性質でもあります。

フラクタル図形は拡大しても拡大しても、同じような図形が現われてきますが、同様に、「スケールフリー性を持ったネットワーク」もある種のフラクタル構造を持っています。

さらに、くり返しになりますが、**フラクタルとカオスが、この世界を形成する物事において普遍的に見られる**ことを考えると、このような**「スケールフリー性を持ったネットワーク」もあらゆるところに、普遍的に存在する現象**であるように思えます。

実際、脳の中の神経細胞（シナプス）も「スケールフリー性を持ったネットワーク」でつくられているようです。人工的に製造されたものならいざしらず、決して人の手が介在できない脳のシナプスという部分にまで、同じ構造が自然と存在する——なぜかはわかりませんが、とても不思議ですね。

この人間関係やシナプスに代表される、ぐちゃぐちゃの「スケールフリー性を持ったネットワーク」は、無計画に発生したものですが、同時に柔軟で、いかようにも変化することができるのが強みです。

また、どこかで誰かがケンカをして、**一つの関係が途切れても、別のバイパスでつながっているから、全体がバラバラになることはありません。**そうした強固な一面も合わせ持っています。

もちろん、無計画さは、裏を返せばムダであり、無節操であり、無責任で、身勝手です。しかし、無計画であるがゆえにカオスであり、何が起ころうともそう簡単には壊れません。**無計画だから、強いネットワークを築ける**のです。

その点、人間が作為的になんらかの構造を築こうとすると、たいてい左ページの図のように、トップは少数、下へ行くほど裾野《すその》が広がる、ヒエラルキーができあがります。こういった組織だと、もしどこかのつながりが一つでも切れてしまえば、すべてはバラバラです。その危機感から、人は厳密に計画を立て、厳密にこなそうとする凝《こ》り固まった状態から抜け出せませんが、そうすると不測の事態が起こると瓦解《がかい》していく脆弱性《ぜいじゃく》をつねに抱えていなくてはなりません。これは、現代社会が抱える根本的な問題です。

生物が三五億年あまり、カオスの世界を生き延びてこられたのは、カオスの世界だからこそ生まれる「スケールフリー性を持ったネットワーク」の中で生きてきたからではないかと思うのです。つまり、われわれ人間も生物として生き抜いていくためには、このしなやかなネットワークのあり方を意識しておかなければなりません。

人間が意図して組織をつくると、こんな形になりがちだが……

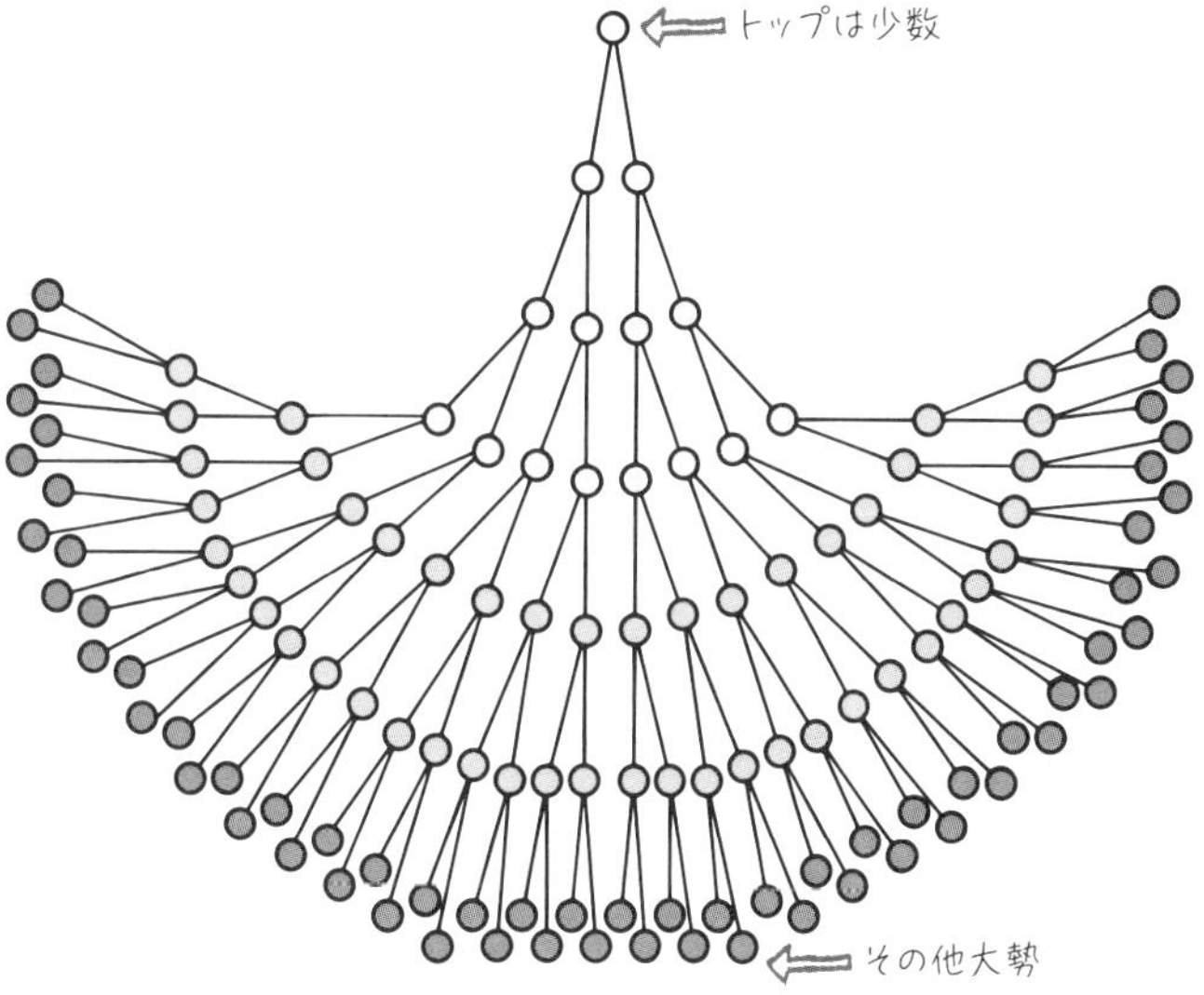
トップは少数
その他大勢

こういう組織は、
1カ所切るとバラバラになる、
もろいつながりなんやね。

学問もごちゃごちゃだから意味がある

世の中の学問体系と呼ばれるものも、人間の手によってムダなく効率的につくられていますから、基本的に249ページの図のような樹形図構造をしています。

そして、最先端の研究とは、その枝葉（根っこ？）の先の方にあるというイメージを、みなさんお持ちなのではないでしょうか？

そして、その最先端まで行ってしまうと、世の中からずいぶんズレていくだけでなく、他の分野の体系ともかかわりがなくなって、いわゆる専門バカになってしまう。その専門バカが引きこもっている世界が「タコ壺《つぼ》＝大学」であるかのようなイメージかもしれません。

これを問題視する人は少なくないのですが、だからといって、タコ壺を割って現状を打破するのは、簡単なことではありません。

どうにかしようとしてやりがちな失敗は、一つの分野に閉じこもっているのがケシカランので、もっと広くやればいいという考え方。極端に言うと、

学問体系もネットワーク図で説明することができる

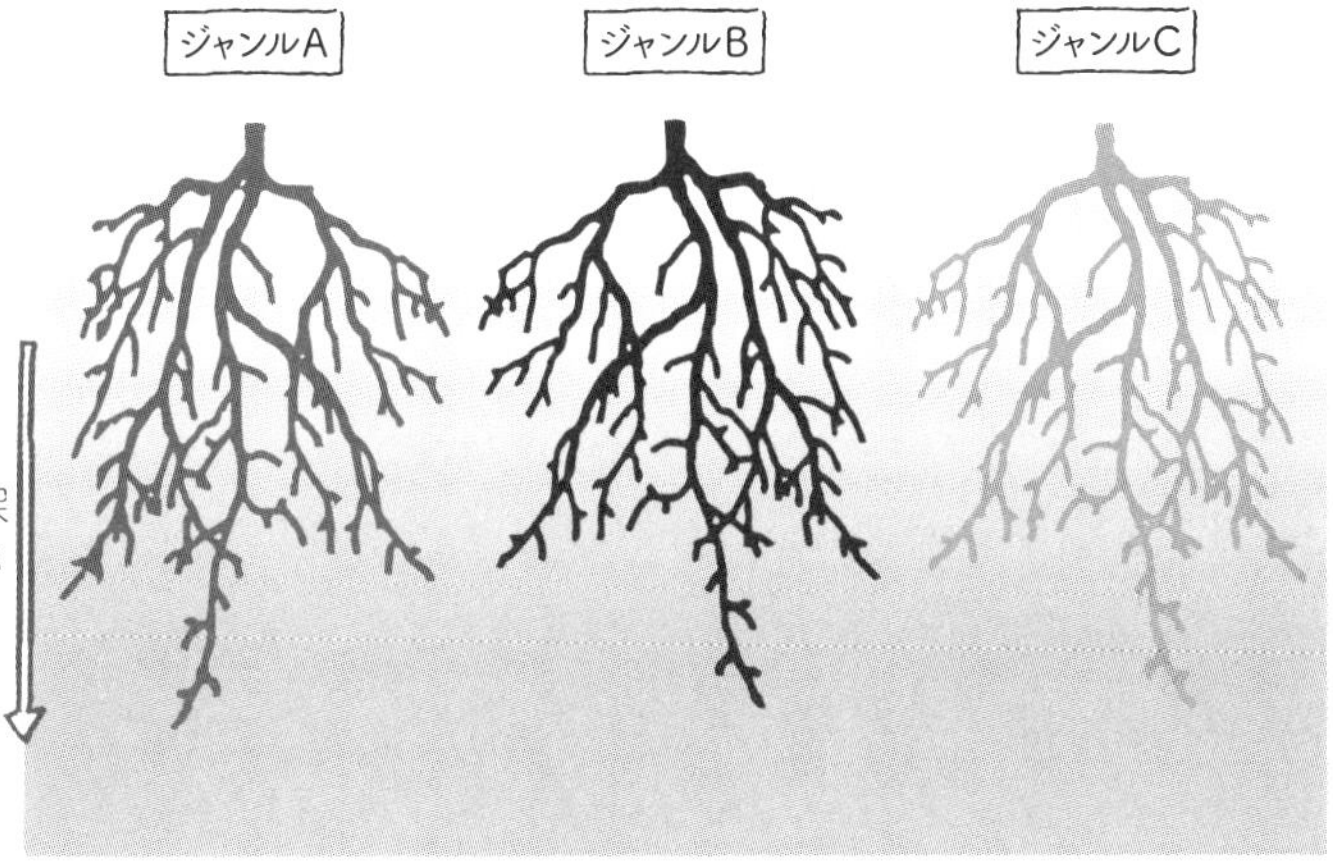
ジャンルA
ジャンルB
ジャンルC
深さ

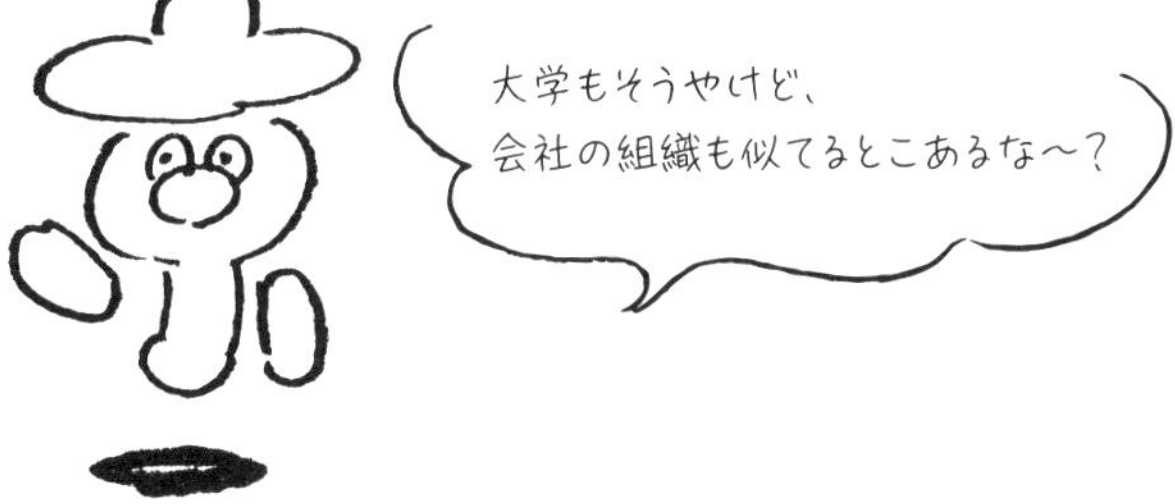
大学もそうやけど、
会社の組織も似てるとこあるな〜？

「全部やっちゃえ」

という、いかにも短絡的な方法です。「学際型」とでも言いましょうか。

一つの学問だけでも学び極めるのは並たいていのことではないのに、同じように二つも三つも同時に学ぶのは無理な話です。

次の手段として、

「広く浅くやってみれば？」

と誰かが言い出します。「オールマイティー型」ですね。これは問題外。学問は深くやってナンボの世界。みんなが広く浅くやっていては、狭く深く学んだ人たちに太刀打ちできません。それでは学問をする意味がありません。

すると今度は、分野と分野の間に隙間《すきま》を開けてもらって、「新しい分野をつくろう」という意見が出てくるのです。「新規タコ壺型」でしょうか？（251ページの図のような形です）

ここまで来ると、既存のタコ壺を割って壁を打破し、分野同士のつながりをつくろうとする当初の目的が、すっかり忘れ去られています。

最近、国を挙げて大学の改革が叫ばれ、「これからの学問の計画を隙間なく考えよ、ち

知識の体系は実は根っこで複雑に絡《から》み合っている

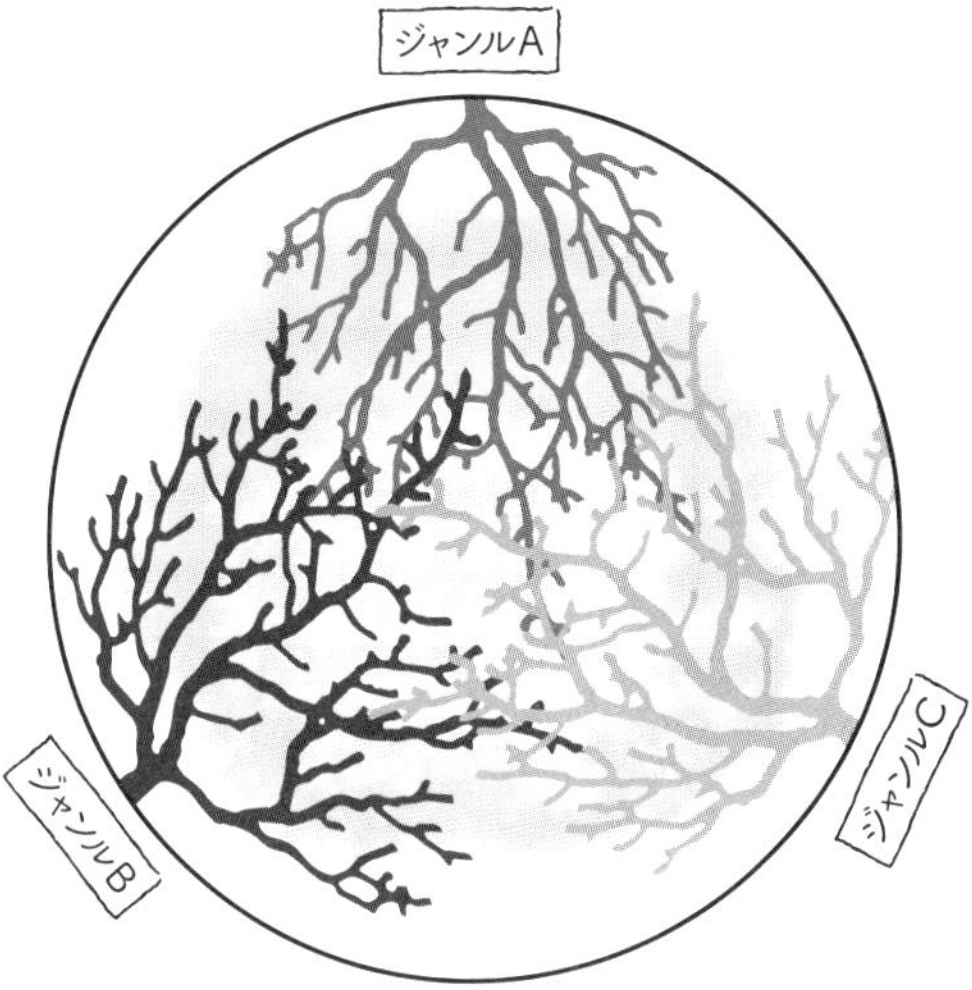

ゃんと計画を立てた研究者だけに金を出す」という流れがあります。ご多分に洩《も》れず、京都大学にもさまざまな圧力がかかります。

そういう流れの背景には、世の中には「正しい」ものがあって、「正しくない」ものには、価値がないという思想があります。

しかし、1章の小木曽先生、5章の神川先生の解説でもわかるとおり、地球に生物が誕生したとき、地球の大気には酸素はなかったのです。最初の生物にとって「酸素は毒」でした。こともあろうに毒をまき散らす生物が現われて、地球を毒だらけにしてしまった。これを環境破壊と言わずに何を環境破壊と言うのでしょうか？

でも、その破壊されつくした環境の中で「毒がおいしいなあ」と思う生物が誕生するのです。それがわれわれの祖先です。いったい何が「正しい」ことなのでしょうか？

電磁誘導を発見したファラデーは、それがなんの役に立つかと聞かれ**「たぶん、なんの役にも立たないでしょう」**と答えたそうです。でも、彼の発見がなければ、現代のわれわれはテレビでドラマを見ることはできませんでした。

先に見てきたように、世の中何が起こるかわからないカオスです。その結果として、ごちゃごちゃした世界が生まれます。これが「現実の世界」の構造です。

そして、現実は一つしかありません。その複雑きわまりない現実を整理して、いろいろな視点から見てみたものが、さまざまな「学問体系」といわれるものです。

そう考えると、２５１ページの図のような「すっきりわかりやすいイメージ」で学問を語るのはちょっとおかしいと思いませんか？

きっと多くの学問体系は２５３ページの図のように重なり合っていて、その裏には現実のごちゃごちゃした複雑なネットワークが存在する。

結局、さまざまな分野は、深く突っ込んでいけばいくほど、最後は似たようなところに

マイケル・ファラデー（1791-1867）
彼の発見によって、「電気」というテクノロジーが発展し、今の文明がある。貧しい出自だが独学で立身を遂げた。

たどり着きます。

そして、その先っぽ（最先端に近いところ）で意外にも、まったく関係ない分野とニアミスしているのですが、その途中では、ごちゃごちゃ絡まり合ったスケールフリーなネットワークでつながっている。

そういうイメージを持つことで、われわれはどのように生きていくべきかが見えてきます。

いわば、現実の複雑な自然界は、大変非効率です。それを、整理して効率的にしたものが学問体系をはじめとする人類の知恵だと、先に述べました。

ですから、人類が蓄積した知恵を無視すれば、野生生物に戻って非常に非効率かつ危険な生活をしなければなりません。そんなことをしたら、**人間でなくなります**。

でも、その人間の知恵も、しょせん自然界のごちゃごちゃした世界の一部です。そこはカオスで基本的に予測不可能です。計算機の計算も最初はうまくいっても、ずっと先まで厳密に計算することができないということは、本章の初めにご説明しました。

そこはある程度、野生の本能に従って無計画に行動することも許容しなければなりません。それができなければ、**今度は生物でなくなります**。

われわれは論理的にものを考え、計画を立てる人間であると同時に、無計画に自由に行動ができる生物でもあります。**かくも人類は、非常に矛盾した生き物なのです。**

だからなんでもかんでも一〇〇点をとろうとする必要はありません。

高校生がテストで一〇〇点をとれば褒《ほ》められますが、大人がこの世界で生き抜いていくときに、一〇〇点をとることは不可能ですし、そもそも目指すことに意味がありません。

物理の研究者としては、みなさんに「六〇点くらい」を目指すことをオススメします。世の中はカオスでできているからって「ゼロ点」というわけにはいきません。ゼロだと知恵が足りなすぎて、のたれ死にます。

ですが、明日をつつがなく生きていくための基礎点「六〇点」が確実にとれれば、あとの四〇点でカオスな世界に飛び込んで、不確実な世界がこれからわれわれに何を見せてくれるのか、ワクワクしながら冒険していくのがいいと思います。

人間、ほどほどに無計画がいい

「京大変人講座」を始めて以来、ほうぼうから、

「先生たち、意外と言ってること、普通ですね」

「もっとブッ飛んでないとあかんのちゃいます？」

とよく言われました。

私に言わせれば、目に見えてブッ飛んだ変人というのは、〝普通〟をひどく意識しているものです。普通に見られたくなくて、上辺《うわべ》だけ奇抜な格好をしてみたり、過激なことを言ってみたりします。

だけど、〝普通〟を意識しすぎた人たちは、ちっとも変人ではありませんよ。

そもそも大きな変化を起こすのに、大胆な計画である必要はありません。むしろ、**普通にしているつもりでも、ちょっとずつズレていく。その積み重ねがやがて大きな違いを生む**、というのは最初にご説明しましたね。

生物は無節操に生きています。地球は無計画に存在しています。

3章の那須先生のお話にあったように、法律だってバカ正直に守っていればいいというものでもありません。

かといって、法律をすべて無視したら大変なことになります。人間社会が成り立ちません。

天気予報は当たらないと言いましたが、当たらないのは天気の「長期予報」です。明日の天気はだいたい当たります。だから、明日の天気予報はちゃんと見て、雨の予報ならば傘を持って出かけましょう。

つまり、身近なところは、おおよそ人類の英知に従って生きていくことが重要です。でも、それをあまり厳密に守っても、ずっと先、またはずっと離れたところでは、意味がなくなります。だから日常を飛び越えた「ちょっと変」なところも許容しておかないと、あとで困るのです。

先に述べたとおり、自然界でもいきなり「日常の知恵」をブッ飛ばして変なことをすると、まず間違いなく死にますから、あくまでも「ちょっと変」が重要です。

ちなみに、〝普通の皮〟をかぶった変人というと、私がまっさきに思い浮かべるのは、京大名誉教授であった数学者の森毅《もりつよし》さんです（残念ながら、二〇一〇年に亡くなりました）。今の京大にある〝変人上等〟な雰囲気をつくったのは、この先生ではないでしょうか。

ユニークな方でしたが、だからといって「がんばって変人になれ」などとは、けっして言いませんでした。

森毅先生「軽やかに生きる」ための金言

ぼくは学生に、40から先のことは考えるな、と言っている。20年後なんて、どうなるかわかるものでない。……体の物質はどんどん入れかわっているし、頭の配線も組みかわっている。それなら、20年前の自分は赤の他人と思おう。こうしてぼくは「人生20年説」を唱えている。(ぼくは)今、第四の人生。

ぼくは子どものころから、「自分の考えをしっかり持て」とか、「自分の考えをはっきり人に伝えろ」などと、先生から言われるのがいやだった。自分なんてものは、他人とウジャウジャしているうちにできてくるもので、それ以前に自分があるなんて信じられない。

ぼくはなんでも、一番というのが苦手なのだ。……いちばん気楽でいちばん安全なのは、ビリから二番手である。本物のビリを防壁にして楽をしようという魂胆。そのかわりいつでも余力は残しておかねばならぬ。……どんどん脱落者が出て、二人だけになってしまったら、そのときは仕方ない、心ならずもトップに立ってしまう覚悟がいる。

思いこみの「自己」は、単純なコンセプトになりやすい。
人間というのは、もっと複雑なもので、矛盾した存在である。

出典：
『考えすぎないほうがうまくいく』『自分は自分「頭ひとつ」でうまくいく』
(ともに三笠書房〈知的生きかた文庫〉)

「ぼちぼちでええんや。そのほうがうまくいく」

森さんを象徴するのはこのひと言。いつも自然体で生きようとされていたように思います。

森さんは、世の中に「スケールフリーなネットワークの概念」が広がるずっと以前から、同じような視点から世界を見ておられたのだろうと思います（このネットワークの考え方が本格的に広まったのは二〇〇〇年ごろが境です）。

「誰にでも平等に、不平等はやってくる」

この名言はまさに、スケールフリー性を持ったネットワークの考え方です。世の中には不平等なしくみが数多く存在するのは仕方のないこと。しかし、いったんこの世に生を受けてしまえば無計画で何も決まっていないから、チャンスは存在します。ときどき不平等なことがやってきますが、長い目で見るとわりあい平等なのです。

森さんのような「ゆるさ」を許せる世界でなければ、きっと世の中はうまく動いてはいかないでしょう。**「計画しなければ、ルールを守らなければ」**とばかり考えるのは、**そもそも自然界の成り立ちや、法則から考えると、不自然**なのです。

森さんは言っています。


「人間はたいていどこかおかしい」


そう。おかしいのが当たり前なのです。

たしかに、

「普通でいなきゃいかん」

「正しく生きなきゃいけない」

という倫理観を持ったからこそ、人類は繁栄し、文明が発達した側面があります。

でも、決めたことの結果を確実に出そうと、無理やりにでもつじつまを合わせる日々が続けば、きっと息が詰まるでしょう。だって、今までお話ししてきたとおり、**世の中に普通などないですし、時間がたてばたつほど、永遠につじつまが合いっこない**のですから。


きっちり予定を立てておくのは明日の天気ぐらいのところで収めておいて、あとは「もうええやん」で生きていくくらいでかまわないのではないでしょうか。

もし失敗したら、森さんにあやかって、

「ぼちぼちでええやん。そのほうがうまくいくし」

と言ってみてください。叶わなかった過去を悔やむより、今、図らずもこうなっちゃっ、た、こ、と、を楽しんだほうが、ずっと気がラク。これで人生、勝ったも同然です。

問題が起こったら、

「まあ、こんなもんちゃう?」

と、ニッコリしてみてください。フッと肩の力が抜けませんか?

そのうち運はめぐってきます。不平等が平等にやってくるように、ラッキーもまた平等にやってくるからです。タイミングを待っているうちに、たぶんなんとかなるでしょう。

もちろん、どうにもならない可能性だってありますが、ならなかったらごめんなさい(笑)。それでもやっぱり私は、

「アバウトでええんや!」

と言うでしょう。この世の中、他にも計画性やルールを大切にする人は見渡すかぎりいるのですから、この本を読んでいるみなさんくらいは変人でいたっていいはずです。

そうしたら、日本ももう少し、おもしろい広がり方をするかもしれません。

“行きあたりばったり”を
楽しんでもいいんやで〜。

KYOTO UNIVERSITY

酒井先生の『常識を超える』ノート

- ▼天気予報は、一週間が限界
- ▼世の中の物事には「カオス」と「フラクタル図形」が満ちている
- ▼小さなことが積み重なって、予想もできなかった大きなことが起こる
- ▼無計画につくられたネットワークは意外と強い
- ▼「ぼちぼちいこう」をモットーに。あまりに計画的に生きようとするのは徒労

京大変人伝説

天才の先生は天才!?――岡《おか》潔《きよし》先生のお話

京大はこれまでに多くのノーベル賞受賞者を輩出してきましたが、かの湯川秀樹《ゆかわひでき》博士や朝永振一郎《ともながしんいちろう》博士（ともに物理学者）にも数学を教えた、伝説の先生がいます。

過去、著書（『春宵十話《しゅんしょうじゅうわ》』）がベストセラーになったり、その人となりが近年、テレビドラマ化されたりして、ご存じの方もいるでしょう。

一九〇一年、大阪生まれの岡潔先生は、京都帝国大学を卒業。そのまま京大で教鞭をとりました。たった独りで「多変数複素函数論《たへんすうふくそかんすうろん》」という複雑な数学の理論を発展させたことで、欧米の研究者たちをも仰天させた不世出の天才でした。一方で、その人物像についてはまさに〝変人〟を地で行っており、

▼数学の難問を試験で解いていたときのこと。いきなり「わかった！」と叫び、**教室を飛び出して戻ってこなかった。**

▼将棋を打っていた岡のもとに旧制第三高等学校（京都帝国大学の教養部にあたる）の合格通知が届いた。岡は「**そうか**」**と答えたきり、将棋を打ち続けた。**

▼精神のバランスを崩し、三〇～四〇代にかけて一二年間も「無職」を経験。家に引きこもって数学の研究だけしていた（当時、妻も子どももいたが、おかまいなし）。

▼町中《まちなか》で数学の思索にハマると、そこがどこであれしゃがみ込んで問題を解き出した。

▼革靴が嫌いで、晴れの日でもゴム長靴をはいていた。

などの、驚きのエピソード（噂？）が数々残っています。**たぐい稀《まれ》なる才能を持った人は、ときどき世間の〝常識〟と大きくズレてしまう**のでしょう。

ちなみに岡先生のお孫さんにあたる松原始《まつばらはじめ》さんは、京都大学を卒業後、カラスの研究をされている先生。われわれの身近にたくさんいるカラスたちの生態を、わかりやすくユーモラスな筆致で解説した『カラスの教科書』（雷鳥社）などのベストセラーをお書きになっています。意外な形で、研究の系譜は受けつがれているようです。

おわりに

これからも京大は「変人製造所」として（ときどき）世界を変えていく

「京大変人講座」発起人 酒井 敏

最近、せちがらい世の中になってきました。私自身、自他ともに認める変人ですから、ちょっぴりつらいものがあります。

昔から京大は変人が多いといわれていますが、昔の京大では「人と違うことをする」、しかもそれを「アドリブで突然やってみたりする」――そういうことができる人は一目置かれてきました。

「人と同じことをやっているようでは、つまらないよ」――そういう文化だったのですね。

しかし、社会全体の空気と軌を一《いっ》にして、「変人でいること」が通用しなくなってきました。どちらかというと、みんなと仲よく足並みをそろえて、みんなが想定する結果を出す人がえらい、という価値観が大きくなっているようです。

やれコンプライアンスだ、リスクマネジメントだ、これから一〇年後の社会に向けて全社一丸となって……だとか、それは京大においてのみならず、読者のみなさんも日々感じておられることではないでしょうか。

しかし、本書はその価値観に真っ向から異を唱える本です。

「世の中に変人が存在することが、なぜ大事なのか」わかりやすくご説明してみましょう。名づけて**「変人ナマコ理論」**。あの海のナマコです。

ある村に一〇人の農家がいたとします。彼らは自分たち一〇人分のお米をつくっていました。

そのうちに彼らは一生懸命働いてイノベーションを起こし、作業を効率化して五人で一〇人分をつくれるようになりました。それはそれで素晴らしいのですが、日本人は根がまじめなので、残りの五人もせっせとお米をつくりました。すると二〇人分できますね。

一〇人しかいないのに二〇人分もお米があると市場は飽和します。現実の企業でも商品がダブついて売れないから、もっとがんばれと号令をかけて、三人で必死につくるようになったりする。こういうのをまさに「悪循環」というわけです。

では、どうするか。

残った五人がどんどん米をつくるわけにはいかないので、その人たちは海にでも遊びにいって、ナマコでも採ってくればいい。ナマコが食べられるとわかるまで、お腹をこわして何人死んだかわかりませんが、ナマコを「食べられる」と発見した人は、**既存の社会を変えた「スーパー・イノベーター」**です。

ナマコを採ってきて、お米をつくっている人に**「ごはんだけだとさみしいでしょう？ これ、おいしいですよ〜、ごはん進みますよ〜」**と言って〝高い金で〟ナマコを売りつければいいのです。その収入の中から自分はお米を買って、初めて経済が回るのです。

つまり、**世の中の発展のためには、全員がお米をつくっていてはいけない**のです。ナマコを採るべく冒険に出かける人間が必要です。当然、全員ナマコ漁師になってしまうと、ごはんが食べられなくなりますから、米をつくってくれる人もありがたい存在です。

ですが、お米の農家さんが多数派だと仮定すると、**私たちはあえてナマコを採りにいくリスクを取りたい**と思うのです。

本書を手に取ってくださったみなさんの中からも、「私もナマコを採りにいこう！」「いや、ナマコばかりじゃつまらない！　私はフグを！」と思ってくださる人が出てくると、望外の喜びです。

何が起こるかわかりませんが、きっとワクワクするような想定外の出来事が待っていると思いますよ！

参考文献

『考える人』2013年夏号No.45「数学は美しいか」（新潮社）
『岡潔先生をめぐる人びと』高瀬正仁（現代数学社）

Special Thanks ――

この「京大変人講座」は、私（酒井）が世の中の息苦しさに我慢しきれず始めてしまったもので、具体的な戦略も詳細な計画もありませんでした。変人講座らしく（？）すべては、やりながら考えてきました。当然、たまたま（？）私のまわりにいた多くの人々に多大なるご迷惑をおかけしました。そんなやり方で運営できたのは、それぞれの具体的な思いは違えど、やはり私と同じような息苦しさを感じていた多くの方々の力を貸していただけたからです。そして、この講座がこれだけ評判になったのは、世の中の多くの方々が、同じような思いを抱いていたからだと思います。そういう意味で、「京大変人講座」は今の世の中の息苦しさのエネルギーから生み出されたものかもしれません。
残念ながら、講座の運営にご協力いただいたにもかかわらず、本の構成上の都合で、お名前が出ていない方も多数いらっしゃいます。初回から司会を務めていただいた菊辻みやこさん（京都大学総合人間学部3回生〈当時〉）をはじめとして、以下の方々に多大なるご迷惑をおかけし、また、ご協力いただきました。ここに、お詫びおよびお礼申し上げます。

久代恵介、桂山康司、土佐尚子、播真純、服部寛子、中井五絵、時武秀子、筒井達子、冨田直樹、近藤望、辻原諒、秋澤紀克、安藤悠太、出口満瑠俊、田中昌平、河瀬真弥、松岡航太郎（順序不同、敬称略）

京大変人講座《きょうだいへんじんこうざ》

著　者――酒井　敏（さかい・さとし）／小木曽　哲（こぎそ・てつ）／
山内　裕（やまうち・ゆたか）／那須耕介（なす・こうすけ）／
川上浩司（かわかみ・ひろし）／神川龍馬（かみかわ・りょうま）

解　説――山極寿一（やまぎわ・じゅいち）

ナビゲーター――越前屋俵太（えちぜんや・ひょうた）

発行者――押鐘太陽

発行所――株式会社三笠書房

〒102-0072　東京都千代田区飯田橋3-3-1
電話：(03)5226-5734（営業部）
　　：(03)5226-5731（編集部）
http://www.mikasashobo.co.jp

印　刷――誠宏印刷

製　本――若林製本工場

編集責任者　長澤義文

ISBN978-4-8379-2779-2 C0030